中国近代新闻学名著系列丛书

芮必峰 ◎ 主编

新闻纸研究

〔日〕后藤武男 ◎ 著
俞康德 ◎ 译

中国传媒大学出版社
·北 京·

编委会

主　编　芮必峰

副主编　姜　红　刘　勇

编　委　贾　南　周　彤　张冰清　侯普曼

出版说明

本丛书整理再版了近代在中国用中文出版的经典新闻学著作，所涉及的图书既有专著、教材，也有译著，全面涵盖了新闻学理论、新闻业务、新闻史等领域，成书年份前后跨越40年。在这40年间，中国的新闻学科从无到有、从借鉴到创新，成就巨大。对这些著作的再次出版，为研究中国近代新闻学提供了珍贵的史料，绘制了中国近代新闻学的全景，度量了中国近代新闻学的厚度，填补了该领域空白，也为纪念中国新闻学诞生100周年献上了一份厚礼。

我们请中国人民大学新闻学院教授、博士生导师，广西大学新闻传播学院院长，教育部社会科学委员会委员兼新闻传播学科召集人郑保卫，及中国传媒大学传播研究院院长、教授、博士生导师，中央实施马克思主义理论研究和建设工程新闻学首席专家雷跃捷对本丛书的内容进行了审定，并根据专家的意见进行了修改。在此对两位专家所付出的辛勤劳动表示衷心感谢。

由于历史原因，本丛书中的个别图书存在一些问题，为保存历史原貌，为研究者提供一手的参考资料，影印时均基本保持其原貌，未作大的删改，希望读者结合当时的历史条件和历史环境，对其中的观点进行批判性借鉴。原书中存在一些错别字、漏字和排版错误，我们在影印时均未做改动，敬请读者注意。

由于原书出版年代久远，本丛书中的许多书籍难觅其踪，存世数量稀少，版权状况极其复杂。为了保证本丛书的学术性和完整性，我们将具有价值的图书先行选入其中，进行了抢救性发掘，力图保存中国新闻史珍贵的历史资料。版权所有人若有异议，请及时与我们联系。

为更好地体现中国近代新闻学的发展脉络，本丛书特别收录了欧美学者休曼的《实用新闻学》、斯蒂德的《新闻学的理论与实际》；日本学者松本君平的《新闻学》、后藤武男的《新闻纸研究》、杉村广太郎的《新闻概论》。当年这些书的出版对中国近代新闻学具有一定的借鉴意义。

本丛书为影印制作，成书清晰度由原书决定，由于出版年代久远，受当时生产力水平及制作方法限制，难免会存在一些缺陷，敬请读者谅解。

中国传媒大学出版社

总 序

如果从1903年商务印书馆编译出版日本人松本君平的《新闻学》算起，中国的新闻学已有115年历史[①]。如果从1918年北大新闻研究会建立，徐宝璜开办新闻学讲座算起，中国新闻学教育和研究迄今正好100年历史。我们搜集整理了清末至民国期间一些有代表性的新闻学书籍，希望借此重现早期中国近代新闻学的本来面貌，反映我国新闻学发展的历史脉络，我们认为，这对中国新闻学术、教育史研究以及中国近现代思想史研究都是很有意义的。

从1903年到1949年9月的40多年间，我国公开出版和内部印行的新闻学书籍，包括专著、教材、论文集、资料汇编、参考工具书等，约468种之多。[②]它们集中反映了我国新闻学的历史发展轨迹。然而，由于多种原因，这些书籍除了几本曾被重印出版外，大多已经是“只闻其名、难觅其踪”，这对我国新闻学研究不能不说是一个遗憾。

本丛书在梳理1903—1949年间出版的有代表性的新闻学书籍的基础上，精选了50部著作，校订注释，编纂再版，也算对这一遗憾的弥补。

从我们挑选的这50部新闻学书籍来看，中国早期新闻学的发展有三个鲜明的特点：

一、中国早期新闻学的发展与中国社会发展，尤其与国家民族利益息息相关

40多年间，中国新闻学从近乎空白到勃然而兴，这与中国社会的动荡、变

① 黄天鹏回顾新闻运动时说：“有清光绪二十八年，商务印书馆刊行《新闻学》一书，为我国人知有新闻学之始，原书为日人松本君平所著……”资料来源：黄天鹏．新闻运动之回顾［A］．黄天鹏．新闻学名论集［C］．上海：上海联合书店，1929．

② 林德海，等．中国新闻学书目大全1903—1987［M］．北京：新华出版社，1989．

革休戚相关。西方新闻学是现代化的产物，最早形成于19世纪末20世纪初。1901年，“新闻学”一词首见于中文报章①，但直到民国前夕，国人对于“新闻有学乎”尚存疑，认为报社就是新闻人才的“养成所”。至1912年上海报业俱进会以“吾国报业之不发达……其最大原因，则为无专门之人才”②为由，号召组织报业学堂，培养报业专门人才。不难看出，此时新闻界亦将新闻学视为办报之“技”。至1918年邵飘萍为徐宝璜《新闻学》作序仍“窃叹我国新闻界人才之寥落，良由无人以新闻为一学科而研究之者”③。黄天鹏把1903年至1918年新闻学研究会建立之前的十余年视为中国新闻学的启蒙期。④

1918年，随着以启蒙为目标的新文化运动愈演愈烈，新思潮涌入国门，“新学”“西学”站在旧传统的对立面被学界关注，新闻学思想也不例外。作为公学之首和新文化运动中心的北京大学率先开办新闻学研究会，力证了“新闻学”存在的正当性；徐宝璜《新闻学》一书问世，成为中国新闻学理论的奠基之作。新闻学教育兴起，新闻学研究著作渐盛，待到北伐前夕，中国新闻学从学理上和实践上俱已建立起来。

新文化运动后期，马克思主义传入中国，资本主义文明逐渐“祛魅”。之后的大萧条使得西方国家的痼疾暴露无遗，曾经“理想之彼方”的西方报业也难以幸免。在这一时代背景下，如何建立“吾国之报业”成为新闻学研究的热点，围绕这一热点，一方面，关于中外新闻理论、新闻事业、新闻业务的著作日益涌现；另一方面，军阀对于激进言论的暴力摧残，又引发了新闻人对于言论自由的论争。20世纪20年代的中国新闻学呈现百家争鸣之势。

“在这言论自由纷争之际，也有若干论调，认为新闻纸不过是一种政治宣传的工具，在新闻学方面也唱过所谓社会主义的新闻理论，不过这种论调没有完成，当头的国难已把这种理论粉碎。”⑤“九一八”事变后，面对空前的民族危机，“国家至上、民族至上”成为国论，报业成为勾连与动员社会的渠道和网络，

---

① 梁启超．本馆第一百册祝辞并论报馆之责任及本馆之经历［J］．清议报，1901（100）：1–8.

② 戈公振．中国报学史［M］．上海：上海书店，1989：278.

③ 徐宝璜．新闻学［M］．长春：时代文艺出版社，2009：7.

④ 黄天鹏．四十年来中国新闻学之演进［M］//龙伟，任羽中，王晓安，何林，吴浩．民国新闻教育史料选辑．北京：北京大学出版社，2010：149.（以下征引本书时，一律简注为《民国新闻教育史料选辑》。）黄天鹏在此文中提出他对于1903年到战事结束的40余年间中国新闻学发展阶段的划分，原载《中国新闻学会年刊》第1期，1942年9月。

⑤ 黄天鹏．四十年来中国新闻学之演进［M］//民国新闻教育史料选辑．北京：北京大学出版社，2010：161.

致力于推动“舆论统一”。直到全面抗战中期之前，以战争宣传动员为主要研究目标的“战时新闻学”都是新闻学研究的热点。

1943—1949年中华人民共和国成立前夕，随着战争形势的转变，抗日战争已现胜利的曙光，中国新闻学人开始构想新闻业的未来。萨空了①于1943年开始着手书写《科学的新闻学概论》，旨在提醒新闻人应“鉴于美英的前车”②，避免报纸“为大财阀资本家所独占”③，“积极地设法使报纸成为大多数民众自己的相互报道消息、提供意见的工具”④。

二、中国新闻学是“西学东渐”的产物，中国早期新闻学人大多具备西学背景

“西学东渐”的内在精神是中体西用。在“用”的招牌下，西学大量涌入。中国新闻学直接引自日本和美国。首先，中国最早的新闻学译著分别为1903年商务印书馆编辑出版的松本君平的《新闻学》和1913年美国记者休曼著、史青编译的《实用新闻学》。前者成为中国新闻学的开端，而后者作为美国第一本新闻教育著作，“提供采访编辑各种实际问题的解决方案”⑤，也奠定了中国新闻人对于新闻教育之作用的基本构想。

早期中国新闻学人大多具备留美留日的求学背景。徐宝璜曾于美国密歇根大学修习经济学与新闻学，其《新闻学》（1919）的参考文献包括在美国出版的图书23种、在英国出版的图书7种，印证了时任北大校长蔡元培所言，“新闻学之取资，以美为最便矣”⑥。任白涛求学日本早稻田大学政治经济学系时，加入了《朝日新闻》名记者杉村楚人冠等筹建的“大日本新闻学会”⑦，《应用新闻学》

① 萨空了（1907—1988）四川成都人，蒙古族，笔名了了、艾秋飚，记者、主编、新闻学家。1927年任《北京晚报》《世界日报》编辑记者、《世界画报》总编辑。曾任教民国学院新闻系、北京新闻专科学校。1935年任上海《立报》副刊主编、总编辑兼经理。中华人民共和国成立后任中央人民政府新闻总署副署长兼新闻摄影局局长、出版总署副署长、全国政协副秘书长兼《人民政协报》总编辑等职。负责主编《中国大百科全书·新闻出版》卷，著有《科学的新闻学概论》《科学的艺术概论》《宣传心理研究》等。

② 萨空了. 科学的新闻学概论［M］. 香港：文化供应社，1946：36.

③ 萨空了. 科学的新闻学概论［M］. 香港：文化供应社，1946：36.

④ 萨空了. 科学的新闻学概论［M］. 香港：文化供应社，1946：36.

⑤ 黄天鹏. 四十年来中国新闻学之演进［M］//龙伟，任羽中，王晓安，何林，吴浩. 民国新闻教育史料选辑，北京：北京大学出版社，2010：157.

⑥ 邓绍根. 中国新闻学的筚路蓝缕：北京大学新闻学研究会［M］. 北京：清华大学出版社，2015：228.

⑦ 1915年《朝日新闻》的杉村楚人冠等在庆应义塾大学创办“新闻研究会”并讲授课程，后根据该讲义出版了《最近新闻纸学》（1918）。其时，杉村楚人冠还兼任“大日本新闻学会”的筹建者与学会新闻讲座讲师。

（1922）正是仿照杉村楚人冠《最近新闻纸学》一书体例所做。[①]邵飘萍的《实际应用新闻学》（1923）亦参考了《最近新闻纸学》。[②]杉村楚人冠深受美、德新闻思想熏陶，美、日、德的新闻思想因故才传到中国。

事实上，正是留美、留日学生群体的新闻学著述构建起了中国早期新闻学的基本框架。仅本丛书所涉国内著（编）者30人中，剔除资料不详者3人，有留学经历者共计15人。其中留美5人：徐宝璜、伍超、赵敏恒[③]、戈公振[④]、曹用先[⑤]；留日8人：吴定九[⑥]、邵飘萍、黄天鹏、任白涛、张友渔[⑦]、谢六逸、袁殊[⑧]、王文萱[⑨]；

---

① 周光明．近代新闻史论稿［M］．北京：社会科学文献出版社，2014：276.

② 方晓红．中国新闻简史［M］．南京：南京师范大学出版社，1996：122.

③ 赵敏恒（1904—1961），记者、新闻学教授。早年就读于清华大学，1923年起先后于美国科罗拉多大学文学院、密苏里大学新闻学院、哥伦比亚大学新闻学院攻读英国文学和新闻学，并获新闻学硕士学位。1925年起在纽约环球通讯社当编辑。1927年回国，在国民政府外交部情报处短暂工作后加入路透社。1945年10月任《新闻报》总编，兼任复旦大学新闻学教授。

④ 留学两个及两个以上国家的，按其留学的第一个国家计。

⑤ 曹用先，女，宁波人，天津南开大学社会科毕业。1926年与未婚夫查良鉴自南开大学毕业后，同赴密歇根大学留学，1930年在该校安娜堡完婚。硕士毕业后回国，曾就职于上海商务印书馆编辑所并任教于大夏大学，1949年与查赴台，1951年4月病逝于台湾。

⑥ 吴定九（1890—1930），名鼎，字定九，嘉定人。著名报人，《京报》元勋之一，著有《新闻事业经营法》。公派赴日本名古屋学习土木工程时，与在东京政法学校读书的邵飘萍成为密友。1923年9月，私立北京平民大学设立报学系，时任京报社经理的吴定九担任教授并讲授专业课程“新闻经营法”。

⑦ 张友渔（1898—1992），原名张象鼎，字友彝，又名张忧虞，山西灵石人。法学家、政治学家、新闻学家。先后求学于山西第一师范学校，国立北平法政大学法律系。1927年任《国民晚报》社长兼总编辑。同年加入中国共产党，任中共北平市委委员兼秘书长。1930年赴日留学。“九一八”事变后回国任《世界日报》主笔及燕京大学、中国大学、民国大学、中法大学、北平大学法商学院教授，讲授宪法学、劳动法学、新闻学和日本问题。1943年起在重庆任中共南方局文委秘书长、《新华日报》社论委员会委员、中共重庆工作委员会候补委员兼政策研究室副主任、《新华日报》代总编辑等职。

⑧ 袁殊（1911—1987），中共谍报人员、记者、新闻学者。早年赴日攻读新闻学、东洋史。曾创办上海自修大学并设新闻专科。1931年3月创办的《文艺新闻》，最早揭露了左联五烈士被害的消息。1932年任新声通讯社记者，经潘汉年引介加入共产党。1942年卧底敌伪报纸《新中国报》，1945年10月转移到苏北解放区；1949年调入中央情报部门。著《记者道》《学校新闻讲话》《新闻大王赫斯特》等书；译《新闻法制论》等。

⑨ 王文萱，曾留学日本，1930年5月翻译杉村广太郎的《新闻概论》。1942年国立社会教育学院新闻系成立，王文萱在该系教授新闻业务课程。1947年年初，李宗仁授意萧一山在北平创办《经世日报》作为喉舌，任命王文萱、蓝文澄两位教授为主笔。

旅欧2人为胡愈之和储玉坤[①]（详情见表）。这些涉足新闻学研究的归国留学生兼容并蓄，汲取美、日、德等国新闻理论和马克思主义新闻思想的精华，进行本土化改良，亦从侧面反映出中国新闻学的理论来源。

三、中国早期新闻学人往往兼新闻实践、新闻教育、新闻研究于一身

1918年，北京大学新闻学研究会成立，徐宝璜负责讲授新闻学知识。他结合自身从业经验，参考欧美新闻学书目，形成课程讲义；再结合讲课心得，不断完善新闻学理论。1919年，国人自撰的第一本新闻学专著《新闻学》最终成书。徐在自序中细陈写书修书之过程："新闻学乃近世青年学问之一种，尚在发育时期。余对于斯学，虽曾稍事涉猎，然并无系统之研究。客岁蔡校长设立新闻学研究会，命余主任其事，并兼任导师。余乃于暑假中，正式加以研究，就所得著《新闻学大意》一篇，以为开会后讲演之用。……开会后，余继续研究，加以会员之质疑问难，时有心得，遂将原稿加以修改，成第二次之稿……"[②]显然，"曾稍事涉猎"指其曾经担任《晨报》主笔的工作经历。早期中国新闻学人兼具从业经验和新闻学教学经验者多会总结实践经验、丰富新闻理论、著书立说、传道授业，这种情况并不鲜见。

从早期新闻学著作的作者（编者）身份来看：本丛书涉及国内著（编）者30人，除李公凡、刘元钊和鲁风三人身份不详，仅蒋国珍[③]、项士元[④]二人没有明确的新闻从业经验。而在这25人中，更有20人兼具从业经历与从教经历。新闻学人大多具有新闻从业经历，学术研究、传承活动与新闻实践密不可分（详

---

① 储玉坤，1912年生，江苏宜兴人，笔名雨君、储华。1937年中央政治学校大学部新闻学及国际政治专业毕业。1938年1月任《文汇报》编辑兼社论撰述者；1938年5月担任《文汇报》法国哈瓦斯分社编辑；抗战胜利后，任《文汇报》总主笔。1946年5月转任《申报》主笔和法国新闻社远东分社中文部主任，兼任中国新闻专科学校教务长和沪江大学新闻系教授。著有《现代新闻学概论》《第二次世界大战史》《美国经济》。

② 邓绍根，中国新闻学的筚路蓝缕［M］. 北京：清华大学出版社，2015：244.

③ 蒋国珍出生于1896年，江苏溧阳人，做过学生运动领袖、国民党党员、教育工作者、政府职员、银行经理。曾加入上海学生运动，代表上海全国各界联合会、全国学生联合会、上海各界联合会、学生联合会四团体发声。虞文俊认为其传世的《中国新闻发达史》翻译自日本人伊藤武雄的《中国新闻发达史》，即蒋国珍应为此书的译者而非著者。

④ 项士元（1887—1959），佛教居士、学者。原名元勋，号慈圆，又号石槎。浙江临海人，通日、英、德、梵、俄文，一生佛学著作等身。25岁毕业于杭州府中学堂，后办私立小学和赤城初级师范，兼任各校教师；捐资并赠书创办了临海图书馆。项士元长期辗转江浙等地从事教育、新闻和史志方面的研究工作。中华人民共和国成立后主持台州文管会，任浙江省文史馆馆员。所著《浙江新闻史》是中国最早的新闻史之一。

见表1[①])。

从新闻学著作本身来看，许多民国新闻学书籍正是新闻实践和新闻教育的直接产物：国人自撰的第一部新闻采访学专著——《实际应用新闻学》根据邵飘萍在北京大学新闻学研究会和平民大学新闻系的讲稿所著，《新闻学总论》一书则根据邵氏国立政法大学的新闻学讲义整理而成；周孝庵[②]根据自己在复旦大学的新闻学讲义编著了《最新实验新闻学》；郭步陶[③]的《本国新闻事业》是上海市私立申报新闻函授学校讲义之十一；而《新闻学的基础知识》本就是中美日报读讯会[④]为新闻学自修者所出版的教材《实用新闻学讲义》之一；储玉坤的《现代新闻学概论》则是专门为大学新闻理论教科书而编写的（详见表2）。

正是由于早期新闻学人兼新闻实践、新闻教育、新闻研究于一身，才能为理论教学与著述提供最鲜活的案例，促使新闻实践经验迅速融入新闻学理论研究。这是近代中国新闻学迅速发展的重要因素，对于当今的新闻学研究、新闻学教育工作也有重要启示。

本丛书编委会邀请相关领域资深专家进行研讨，认真甄选了书目，仔细进行了版本比较和甄别，从而保证了本丛书较高的学术权威性。

由于历史的局限，民国新闻学书籍的不足是明显的，如学术理论不成熟、部分话语和话题打上了深深的时代烙印等；又因书中涉及的新闻稿件写作于特定历史环境和历史年代，其表达方式不严谨亦不可避免。盖所选书目皆是历史文献，我们在审校中尽量保持其历史原貌，不做大的删改；对极个别对马克思

① 李秀云．留学生与中国新闻学［M］．天津：南开大学出版社，2009：239-251．本书中李秀云整理了民国期间从事新闻学研究的留学生44人，并分析其留学国别构成、专业构成、新闻实践经历、从教经历等。

② 周孝庵（1900—1973），佛教学者、律师、报人。松江府人。毕业于江苏省立第一商业学校。历任上海时事新报馆记者、编辑、主编，著《最新实验新闻学》。1928年秋被复旦大学聘为新闻学教授。曾于上海法政大学获法学学士学位，1930年兼律师。1932年主编上海《新闻报》“法律质疑”栏目、编著了《法律质疑汇编》。上海沦陷后，曾氏关闭了律师事务所，潜心佛学研究。

③ 郭步陶（1879—1962），原名成爽，后改名惜，字步陶。四川隆昌人。名记者、新闻研究者。1911—1917年任《申报》编辑，1917年任《新闻报》编辑主任、主笔。1930年任教于复旦大学新闻系。上海沦陷后赴香港，任职于《申报》（香港）、《星岛日报》；1939年创建中国新闻学院（香港）并任院长。抗战胜利后回沪任教于复旦大学、新中国学院。

④ 《中美日报》是“孤岛”时期的国民党报纸，为躲避日伪新闻检查，在美商罗斯福出版公司招牌下运作，副刊有《集纳》《堡垒》等。1938年11月创刊，1941年12月停刊，1945年8月复刊，次年4月终刊。总编先后为杨勋民、查修、詹文浒，总主笔周宪文，执笔者有储玉坤、章丹枫等。胡道静曾任英文编辑。报社读讯会为自修新闻学的读者出版了《实用新闻学讲义》，共计10种，对编辑术、采访术、评论作法、新闻写作、新闻学史、剪报工作等都有专篇论述。

主义、共产党等的不适当叙述已进行了删除处理。

本丛书规模较大，从策划项目、搜集资料、校订编纂到审稿成书，历时两年有余。这50本书可能并非本本经典，其中有些内容亦有重复、雷同之处，但瑕不掩瑜，它们对于研究中国新闻学功不可没，作为新闻史资料极具研究价值。感谢中国传媒大学出版社和安徽大学新闻传播学院诸位老师的辛勤付出，也希望读者在本丛书中能读出更丰富的内容，获得启发并更深入地思考。

丛书主编　芮必峰

2018年5月7日

附表：

表1 著者受教育、从业、从教及著述情况列表

序号	姓名	是否留学及留学国家	从业经历	从教经历	著作
1	徐宝璜	美国密歇根大学，经济学、新闻学	北京《晨报》主笔	北京大学新闻学研究会、北京平民大学新闻系	《新闻学》《新闻事业》
2	戈公振	1927年赴美国、日本考察新闻事业	首创《图画时报》、“上海新闻记者联合会”会长、《申报》总管理处设计处主任兼《申报星期画刊》主编	上海南方大学新闻系、上海国民大学新闻系、复旦大学新闻系、上海沪江大学商学院、上海民治新闻学院	《新闻学撮要》《中国报学史》《新闻学》
3	邵飘萍	东京政法学校	《汉民日报》主编、《时事新报》《申报》《时报》主笔、创办“北京新闻编译社”、《京报》社长	北京大学新闻学研究会、北京平民大学新闻系、国立法政大学	《实际应用新闻学》《新闻学总论》
4	吴定九	日本名古屋工业专门学校土木工程	主持《京报》	北京平民大学新闻系、国立法政大学	《新闻事业经营法》
5	谢六逸	日本早稻田大学东洋文学史	《立报》文艺副刊《言林》主编、《国民周刊》《趣味》周刊主编	复旦大学新闻系、申报新闻函授学校、国立社会教育学院新闻系、暨南大学新闻系、大夏大学新闻系	《实用新闻学》《国外新闻事业》《新闻储藏研究》
6	黄天鹏	日本早稻田大学新闻系硕士	在北平创刊《新闻学刊》并担任主编	复旦大学新闻系、上海沪江大学商学院新闻学科	《新闻文学概论》《中国新闻事业》《新闻学入门》《新闻学概要》
7	赵敏恒	美国科罗拉多大学文学院、密苏里大学新闻学院、哥伦比亚大学新闻学院攻读英国文学和新闻学，并获新闻学硕士学位	纽约环球通讯社编辑，后加入路透社。“九一八”事变后为美国国际新闻社、伦敦《每日电讯报》《朝日新闻》等供稿。1945年10月任《新闻报》总编辑	复旦大学新闻系、中央政治学校新闻系、暨南大学新闻系	《外人在华的新闻事业》

续表

序号	姓名	是否留学及留学国家	从业经历	从教经历	著作
8	周孝庵	无	历任上海时事新报馆记者、编辑、主编；主编《上海新闻报》“法律质疑”栏目	复旦大学新闻系、新闻大学函授科	《最新实验新闻学》
9	张友渔	1930年、1932年、1935年多次赴日学习新闻学、考察日本新闻事业	《世界日报》编辑、《大同晚报》总编辑、《国民晚报》社长、《泰晤士报》总编辑、《新华日报》社论委员	燕京大学新闻系、北平民国学院新闻系	《新闻之理论与现象》《日本新闻发达史》
10	袁殊	日本新闻专科学校、早稻田大学历史系	创办《文艺新闻》《译报》、新声通讯社记者	上海自修大学新闻专科	《记者道》《学校新闻讲话》《新闻大王赫斯特》《新闻法制论》（译）
11	胡愈之	1928年法国巴黎大学攻读国际法	《东方杂志》编辑、创办《公理日报》、哈瓦斯通讯社远东分社中文部编辑主任、主编新加坡《南洋商报》		《胡愈之出版文集》
12	储玉坤	留法	《新闻报》编辑、《文汇报》编辑、法国哈瓦斯通讯社中国分社编辑、《文汇报》总主笔、《申报》主笔、法国新闻社远东分社中文部主任	中国新闻专科学校、沪江大学新闻系、之江大学新闻系、致用大学新闻学系	《现代新闻学概论》
13	任白涛	日本早稻田大学政治经济学	创办中国新闻学社、《新湖北日报》总编辑		《应用新闻学》《综合新闻学》
14	曹用先	美国密歇根大学①	上海商务印书馆编辑所②	大夏大学③	《新闻学》

① 毛彦文．往事［M］．北京：商务印书馆，2012：28．

② 雪林．一段值得介绍的婚姻（红藏·生活·第四卷第三十八期）［M］．湘潭：湘潭大学出版社，2014：435-437．

③ 毛彦文．往事［M］．北京：商务印书馆，2012：28．

续表

序号	姓名	是否留学及留学国家	从业经历	从教经历	著作
15	王文萱	留日①	《经世日报》②	国立社会教育学院新闻系③	《新闻概论》（译）
16	伍超	留美“攻读新闻科”④			《新闻学大纲》
17	郭步陶	无	《申报》编辑、《新闻报》编辑主任兼主笔、《申报》（香港）、《星岛日报》编辑	复旦大学新闻系、《申报》新闻函授学校、中国新闻学院（香港）、新中国学院	《本国新闻事业》
18	任毕明⑤	无	《民国日报》《时报》《快报》主笔、《大众日报》总编辑	香港中华新闻学院	《战时新闻学》《评论学十讲》
19	赵君豪⑥	无	《申报》副总编辑	上海商学院新闻专修科、复旦大学新闻系、上海法政学院新闻专修科	《中国近代之报业》《上海报人的奋斗》

① 杉村广太郎．新闻概论·黄序［M］．王文萱，译．上海：联合书店，1930．

② 冯国定．忆萧一山先生［M］//中国人民政治协商会议北京市委员会文史资料研究委员会文史资料选编（第43辑），北京：北京出版社，1992：104．

③ 苏州大学社会教育学院．峥嵘岁月（第三集）［M］．北京、上海、南京、苏州校会．1991：229．

④ 伍超．新闻学大纲·自序［M］．上海：商务印书馆，1925．

⑤ 任毕明，原名任大任，生于1904年，广东鹤山人。1925年在广西梧州创办《民国日报》，曾任《时报》《快报》主笔，主持过香港的《大众日报》。参与创办香港中华新闻学院，并任教。著作有《龙虎集》《风云集》《社会大学》《新社会大学》《战时新闻学》和《评论学十讲》等。

⑥ 赵君豪（1900—？）江苏兴化人。报人。“五四时期”求学于上海交通大学，经常给著名的《民国日报》副刊《觉悟》投稿，并与时任《觉悟》编辑的邵力子讨论种种社会改造问题。毕业后进入《申报》馆工作，抗战后任《申报》副总编辑。1929、1942年两度兼任复旦大学新闻系编辑教授；1930年兼任上海法政学院新闻专修科教授，讲授采访学；曾任《申报》新闻函授学校教授。1944年10月在重庆出版《上海报人的奋斗》。

续表

序号	姓名	是否留学及留学国家	从业经历	从教经历	著作
20	杜绍文①	无	杭州《民国日报》国际版编辑、《东南日报》《前线日报》主笔兼《新闻战线》周刊主编、《东南日报》总编辑、《文汇报》办公室主任	复旦大学新闻系	《新闻政策》《中国报人之路》《战时报学讲话》《国际新闻纵横谈》
21	胡道静②	无	《万有文库》编辑、上海通志馆编修、《通报》《中美日报》《大晚报》等报记者、编辑、撰稿人	上海法政学院新闻专修科	《上海新闻事业之史的发展》
22	张静庐	无	创办上海杂志公司并出任总经理		《中国的新闻记者与新闻纸》《中国近代出版史料》《中国现代出版史料》《中国出版史料》《在出版界二十年》
23	萨空了	无	《北京晚报》编辑记者、《世界日报》画刊编辑、《世界画报》总编辑、天津《大公报》艺术半月刊主编	民国学院新闻系、北京新闻专科学校	《科学的新闻学概论》

① 杜绍文（1909—？），又名杜超彬，广东澄海人。1927年入复旦大学中文学新闻组学习，1931年留校助教。后任杭州《民国日报》国际版编辑、资料室主任、浙江《东南日报》主笔。抗战期间主编浙江战时新闻学会会刊《战时记者》月刊,《国民日报》总编辑、社长；抗战胜利后任上海《前线日报》主笔兼《新闻战线》周刊主编。1946年至1951年间任复旦大学新闻系教授，1952年任上海《文汇报》记者、编委办公室主任。著有《新闻政策》《中国报人之路》《战时报学讲话》《国际新闻纵横谈》。

② 胡道静（1913—2003），安徽泾县人。1931年毕业于上海持志大学国语系。曾参加《万有文库》编辑和上海通志馆编修工作。“孤岛”时期坚守上海新闻界抗日宣传工作，任《通报》《中美日报》《大晚报》《密勒氏评论报》记者、编辑、撰稿人，同时在上海法政学院新闻专修科讲授新闻史课程，为共产党的抗日宣传培养新闻干部。1949年后历任中华书局上海编辑所编辑、上海人民出版社编审等。

续表

序号	姓名	是否留学及留学国家	从业经历	从教经历	著作
24	管照微[①]		复旦大学校刊编辑、1931 年兼任上海新闻社记者	兰州大学经济系	编《新闻学论集》
25	项士元				
26	蒋国珍	疑为《中国新闻发达史》的译者而非著者[②]			
28	李公凡	不详			
27	鲁风	不详			
28	刘元钊	不详			

① 管照微，高中就读于上海立达学园，曾与王济深、刘仲达、唐旭之等先后组织了“时潮社”和“立达剧团”。后进入复旦大学新闻系学习，与伍梦窗、林楚君、向浦、徐之津等加入了复旦大学“左联”，并负责复旦大学的校刊编辑工作。1933年12月21日因宣传左翼思想被捕，后任教于兰州大学经济系。

② 虞文俊是东亚中国新闻史研究第一人。《中国新闻发达史》译者蒋国珍初考［J］. 新闻界，2015（15）.

表2 书目

序号	年份	书名	作者	备注
1	1903	新闻学	〔日〕松本君平 著	
2	1913	实用新闻学	〔美〕休曼著 史青译	
3	1919.12	新闻学	徐宝璜[①] 著	北京大学 新闻研究会讲稿
4	1922.11	应用新闻学	任白涛[②] 著	
5	1923.8	实际应用新闻学	邵振青 著	北京平民大学、 国立法政大学讲义
6	1924.4	新闻事业	徐宝璜 胡愈之 著	
7	1924.6	新闻学总论	邵飘萍 著	
8	1925.1	新闻学大纲	伍超 著	
9	1925.2	新闻学撮要	戈公振[③] 编	
10	1927.9	中国新闻发达史	蒋国珍 著	
11	1927.11	中国报学史	戈公振 著	
12	1928.9	中国的新闻纸	张静庐 著	
13	1928.11	最新实验新闻学（上）	周孝庵 著	复旦大学新闻系
14	1928.11	最新实验新闻学（下）	周孝庵 著	复旦大学新闻系
15	1930.4	新闻事业经营法	吴定九 著	
16	1930.5	新闻概论	〔日〕杉村广太郎 著 王文萱 译	

① 徐宝璜，中国新闻学者、新闻教育家。1912年毕业于北京大学，后公费留美，于密歇根大学攻读经济学、新闻学。徐宝璜在美国密苏里大学受过系统的新闻学教育。

② 任白涛，笔名冷公、一碧，河南南阳人。1911年辛亥革命后，先后担任上海《民立报》《神州日报》《新闻报》驻河南特约通讯员，参加当地反袁活动。1916年留学日本，在早稻田大学攻读政治经济学，并加入了大日本新闻学会。

③ 戈公振所著的《中国报学史》最早由上海商务印书馆出版，是研究新闻学和我国新闻事业发展史的开山之作，国内外新闻界将之誉为中国首部新闻史学权威著作。任教上海国民大学期间，戈公振开始着手《中国报学史》一书的写作。在从事新闻工作之余，戈公振致力于新闻教育事业和新闻学研究工作，曾在上海国民大学、南方大学、大夏大学、复旦大学等校新闻系和杭州暑假报学讲习所讲授新闻学方面的课程，在新闻学研究上留下了许多著述。

续表

序号	年份	书名	作者	备注
17	1930.8	中国新闻事业（上）	黄天鹏[①] 著	
18	1930.8	中国新闻事业（下）	黄天鹏 著	
19	1930.8	新闻纸研究	〔日〕后藤武男 著 俞康德 译述	
20	1930.9	浙江新闻史（上）	项士元 编	
21	1930.9	浙江新闻史（下）	项士元 编	
22	1932.7	学校新闻讲话	袁殊 著	
23	1932.8	外人在华的新闻事业	赵敏恒 著	
24	1933.4	新闻学入门	黄天鹏 著	
25	1933.10	新闻学论集	管照微 编	复旦新闻学会丛书
26	1935	实用新闻学（上）	谢六逸[②] 编	申报新闻函授学校讲义之三
27	1935	实用新闻学（下）	谢六逸 编	申报新闻函授学校讲义之三
28	1934.1	新闻学	曹用先	
29	1934.2	新闻学概要	黄天鹏 编	复旦大学讲义、上海沪江大学新闻学专修科
30	1935	上海新闻事业之史的发展	胡道静 著	
31	1936.5	新闻学讲话	刘元钊 编著	

① 黄天鹏，字天鹏，别号天庐。1927年1月，他创办了我国首个新闻学刊（1929年扩改为《报学月刊》）并任主编；他是我国新闻学术史上最早研究新闻学之产生及发展史的学者，是我国具有新闻学术史观的第一人。他于1923年就读于北京平民大学报学系，1929年留学日本,修业新研究所,旋入早稻田大学新闻系。归国后出版了《新闻文学概论》《中国新闻事业》《新闻学入门》《新闻学概要》等十余本新闻学专著。

② 谢六逸，中国现代新闻教育事业的奠基者之一。著名的作家、翻译家、教授。1917年以公费生身份赴日就读于早稻田大学。1922年毕业归国，入商务印书馆工作。后历任神州女校教务主任及暨南大学、复旦大学、大夏大学教授。1930年任复旦大学中文系主任，并创设了后来闻名海内外的复旦大学新闻系，任主任。

续表

序号	年份	书名	作者	备注
32	1936	本国新闻事业	郭步陶 编著	申报新闻函授学校讲义十一
33	1936.6	新闻之理论与现象	张友渔 著	
34	1936.11	记者道	袁殊 著	
35	1937.7	现代新闻学概论	储玉坤 著	国民党政府唯一指定大学新闻理论教科书
36	1938.7	战时新闻学	任毕明 著	
37	1938.9	中国近代之报业（上）	赵君豪 著	
38	1938.9	中国近代之报业（下）	赵君豪 著	
39	1938.10	基础新闻学	李公凡 著	
40	1939.7	中国报人之路	杜绍文 著	
41	1940.4	新闻学	戈公振 著	1932 年完稿，另有 1947 年版
42	1941	新闻学的基础知识（上）	中美日报读讯会 编	中美日报读讯会实用新闻学讲义
43	1941	新闻学的基础知识（下）	中美日报读讯会 编	中美日报读讯会实用新闻学讲义
44	1941.7	综合新闻学 1	任白涛 著	
45	1941.7	综合新闻学 2	任白涛 著	
46	1941.7	综合新闻学 3	任白涛 著	
47	1944.9	新闻学	鲁风 著	新中国自修学院约稿
48	1946.6	科学的新闻学概论	萨空了 著	另有 1945.3 出版的署名艾秋飚的版本
49	1946.11	新闻史上的新时代	胡道静 著	
50	1947.12	新闻学的理论与实际	〔英〕斯蒂德 著 王季深 吴饮冰 译	上海文化函授学校读本

黃序

春初從房州回到東京，友人俞康德君剛從早稻田大學畢業，他對我談起對於新聞事業很感興趣的話，我便把在進行中的『新聞學叢書』計劃告訴他，請他擔任編譯一二種。他很愉快地答應了，於是便續譯後藤武男著的『新聞紙講話』一書。原來我想繙譯這本書的念頭，已經是三四年前的事了。那時揭在報館內，每夜發完稿子等看大樣的時候，總有幾刻鐘的空暇，就隨便地譯點東西以湊『新聞學刊』的餘白，或應朋友們的索稿。然而終於沒有整個地工夫將全部譯成，不意在海外都得了友人的助力，重新的譯完了，這眞是一件極快心的事。

原著者後藤先生，現任時事新報社政治部長。他敍述他投身新聞事業的經過，讀了很可使人感動。他不顧父親的堅決反對，而抱努力向上的志氣，終於使他的父親了解了新聞記者的職位。這是有志從事新聞事業，而遭家庭反對的青年是一個最好的榜樣。其次，他談到新聞記者做官的問題。這個問題，國內有許多人討論過了：贊成的說，新聞記者也是國民一份子，自然也可以從事政治的工作；反對的說，新聞記者應該處於超然的位置，不應染有政治的意味。我的意見却是能夠終身從事新聞事業最好，否則做官也不是壞事，而只要能夠做得好。像著者說的：『這種官吏生活對我不過好像是新聞記者生活的延長』一樣。

關於這本書的內容的特點，是給與讀者對於新聞事業有一個統系的概念。日本的新聞學，本來是祖述西洋的學說，但他却能棄短取長，融會貫通，使其適合於國俗民情，而成爲一種日本化的學術。我國和日本因爲有同種同文的關係，無論在學理或在實用方面，總較西洋爲切近，這就是我們覺得這本書値得介紹的原因。

日本新聞學的發達，還是最近二三十的事情。新聞研究所的創立，也不過僅僅十年的歷史，但是關於新聞研究的專著，却是汗牛充棟了，帝國大學也已設有大規模的研究室了。再就新聞紙一方面說：「東京日日新聞」也不過才六十年而已，與我國最老的報紙是差不多的，然而他們的銷數已超過百萬了，設備也與歐美不相上下了。我們看到人家這樣能不慚愧嗎？但是我們不必灰心，日本數十年前新聞紙的幼稚，也正和我們是一樣的。我國將來的發達，日本正是一個最好的例子。

這本『新聞紙講話』出版後，著者續作後編『新聞紙研究』一書。我們很想繼續的介紹。所以把這本書改名爲『新聞紙研究。』書中關於廣告一章，移刊『報學雜誌』內，這裏不列入了。書中有些不甚適合國情的地方，也酌量的節脫或加註釋，希望這本書能夠切於實用方面。

最後感謝友人沈松泉君的印行。這幾年來的『新聞運動，』光華書局於出版方面的努績，是首屈一指的。本書再版時，我們想再繙譯續篇新聞紙的本質，新聞紙製作的技術及新聞紙法數章，以作本書的附錄。

黃天鵬序於東京郊外武藏野天廬

中華民國十九年四月廿四日

原序

一

學校快要到畢業的時候了，我把我願意作一個新聞記者的志望對兩親敘說。於是父親即座地說：『作一個新聞記者？要是作一個新聞記者的話，沒有叫你學高等教育的必要了。我就是不贊成作這一類事的人，你再熟考下吧。』他從頭就是這樣地反對，我母親可沈默着沒講甚麼。數日經過了，我對母親把『我到底也不願意作一個打算盤的買賣人』的堅固的決心對她講，母親成了我的幫手，而由母親去說服父親，這才好容易得了父親所謂『作新聞記者一類的事』的同意。可是我父親還是像口頭話樣地常好說：『叫自家的孩子幹了新聞記者一類的事，自己覺着很沒有臉面了的樣子。』大概我父親的眼光所映的新聞記者，他一準是想起了他曾被五個人勒索，那末現在自己只這一個孩子教育到了如今，他也要來幹像那個人的買賣一類的事的時候，這是怎麼恥辱，這對於近隣是怎樣地不名譽。我就把『幹新聞一類的事的人』和『新聞記者』作了種種的說明，可是父親總像是沒曾了解的樣子。

我進了時事新報社，曾派我到教育部去，市政廳去，交通部外務部去，內務部也去，國民黨也派去過。Ju land海戰的電報來了，因爲擔當海軍的人不在，所以我也被派到了海軍部去探訪一位副官。財政部我也露過面，有時也叫我寫貴族院的記事。這樣地我這三年間的 RePort Life（記者生活）就像瘦馬般地過了。到了現在我自己想想這三年間的 RePort Life ，雖然也有辛苦的事，可是在這辛苦的事面，却有一種說不出來的愉快，事情閑暇了，我到俱樂部去把圍碁學會了，記者俱樂部的自墮落的反面，我也嘗過那種滋味。這樣奔忙的生活，把我們的身體損傷，於是我就發心到美國去留學，而到了美國。

二

然而結局我成了「時事」的留學生，本來打算着悠悠自在的來研究點 Journalism，而落足於英國一個鄉村的街市，可是這不過瞬間的事，不久就叫我作了華盛頓勞働會議的特派員。於是也沒有人教的自習自得的能打電報了。滯在紐約的時候，我到了哥倫比亞大學的新聞學校聽講暑期學校，多少知道了點 Journalism 的輪廓，可是較比這些講師的講義，我那三年間的 Report Life 是更有益的。然而來研究關於新聞紙的基礎的學理的興味，從這時以來才很深的動起，就是著這本書的動機，也是暑期學校聽講的庇蔭。將近兩年的遊學完了，回國以後立刻又被派爲皇太子殿下外遊的特派員，不等着住一住就出發了。皇太子殿下所到的地方，我全都隨伴着而完成通信的任務。皇太子殿下歸航了，迅速連接着派赴華盛頓軍備縮小會議的電命，馬上就從倫敦跑到華盛頓，爲一個特派員的我，實在是跑遍了道了。我的父親得到我從 Bussels 打了個電報關於皇太子殿下御旅行的事，正是他在昏睡狀態之中，我母親念着這個電報，父親在微笑之中瞑目了。我的父親看見我這三年間的 Report Life，和將近三年間的爲一個 Correspondent 的 Life，他對於『新聞記者』漸漸有了理解，『幹新聞一類的事』和『新聞記者』的區別，比我百遍的說明，他看見我所走的路而了解了。一時拿我當爲不孝者的父親，直到他臨死而朦朧樣地對於新聞記者的職業成了一個理解者的事，是我極快樂的。

三

從華盛頓回來，在社內作事，因爲某種事情退社，其間作了一年四個月的官吏生活。可是這裏官吏生活對於我不過好像是新聞記者生活的延長，因爲我所職掌的事情和地方的關係，得有機會認識了各方面的政治家和官吏們，這比我在社內作事對於我是更得了貴重的經驗了。其後又回到「時事，」可是這種官吏生活的經驗，使我得了不少的幫助，我現在還這樣想。只是在這個官吏生活中，我只是立了個計畫是請（教育部）來發起辦一個新聞紙講習會。在大正十三年（民國十三年）十四年的豫算裏，我是希望着提出創設一個教育部直轄的新聞專門學校的要求，沒想到內閣的瓦解，這種希望可惜變成水泡。到了今年，無論怎樣地我這新聞記者這類似新聞記者的官吏生活的一年三四個月加起來成了十年的今日，我願把我一直到今天所研究的，所經驗的東西綴成於此，作爲我這新聞記者十年想出的路標，於是有本書之刊行。

四

我想沒有東西有像現代 Journalism 這樣顯著發達的。無論在編輯方面，營業方面，或是工場方面，恐怕沒有東西能達到像這樣奇蹟的進步的。而且就是因爲有這個原故，今天的『新 Journalism』之爲物，到了明天已經成了『舊 Journa-lism』

了。

一直到現在，那不過只是記述或一個事實，或是或一種事件就是很好的了，然而現代的新聞紙，是已經成了掌握鼓動社會的人心，促起或一種行動的一個指導者的地位的東西了。這是在這個社會上築成了的一個新的王國。所以在有新聞紙之間，從前的權威都被滅亡了，而對於新的 News 的起了一種無限地競爭，因此喧喚起來所謂『Journalism 的墮落』的聲了。雖然，新聞紙的生命還是日日的新，因而 Journalism 之爲物，我們也敢信牠也是天天往上長育的。

我到了今天，就是今後，我還是願意作一個新聞記者，或作一個新聞研究的學究。我這十年想出的路標而出版了本書，本書所記述之或一部分，是曾在府縣的社會教育主事的會合上所講演的東西，此外是在一二大學的新聞科講稿修正輯錄在這裏的。本書還是我研究途上的東西！在我還有不足的點和不滿足的點是免不了的。然，這是在匆忙的生活裏面，偷了點小閑而寫成的東西，所以要很滿足是不容易的。今回本書只收集這些分量，其他再待後日來作。本書我信是能對於新聞研究者，已經提供了一種暗示的材料，就是對於新聞紙沒有經驗的人，新聞紙到底是一樣甚麼東西，這是怎樣來經營的東西，關於這個，我信我已經多少給與了一種系統的 Journalism 的觀念。諸先輩的先生們若能給我注意的點而指教我的時候，這是對於我非常榮幸的。

最後本書之刊行及校正，得了時事新報社營業部多田鐵之助氏的助力，在這裏要作深摯的感謝。

代代木山莊

後藤武男

目次

第一章　現代新聞紙的觀念

第一章　現代新聞紙的觀念

一　新聞紙的意義

現代人若是有一天不看新聞紙，恐怕是很難於忍耐了。進一步說，在一天的生活中，除去一餐或可以比較不看新聞紙還易於過活而已，所以現代人與新聞紙，在他的社會生活中，成了一種重要而不可缺少的必須品了。

在現代社會生活中占據了這種重要價値的現代新聞紙，它的內容到底是甚麼？引用叔本華的話來說：『新聞紙好像是映在壁上的影子』；「New York Journal」的記者 Arther Brisbene 曾說：『新聞紙是和素樸的反映出社會的原形的鏡子一樣的。』要之新聞紙是將複雜的社會生活之一切情形，半點不加修飾的反射出來的一個鏡子，是無可疑的了。而且現代的新聞紙是藉着一切科學的施設的力量，如同無線電波樣的速力，把世界一切的事件，不論各國的大都市、甚至於小城邑和農村間，都得了印刷的力而傳播于四方了。

關於新聞紙之社會的作用，從來有些人下過種種的定論「New York World」的已故 Joseph Pulitzer 說：

「新聞紙是常爲進步與革新而戰；不當與腐敗，是分毫也不可假藉的。必須常超然於各政黨政派的煽動，且常以反對特權階級與社會的掠奪者，而對於貧民階級表示同情；常爲公共之安寧盡力，不只以印刷新聞而自甘，當更注力作一嚴然獨立不偏之物。」

福澤諭吉，關於時事新報創刊之動機，述之如左：

身當政府的地位，拿着政權來治天下，這個心我雖然沒有，可是總想作一點事，使着國民一般進入文明開化之門，把這個日本國使其成爲一個兵力富強商業繁昌的大國。這就是我的本願。所以我自己就作了些合乎我自己的事。偶而和政界的人們交談起來，也沒有商托他們的事，不過只是自己貧富苦樂的自安。所以有些思想不同的官吏們，見聞到我的平生，以爲我這個人是很奇怪的，這決不是沒有道理的。……我於明治十五年發起了時事新報這個新聞紙；正當着這是明治十四年政府變動之後，從前慶應義塾的人們、常來勸我作此事，我自己也想世上的形勢漸漸地變化了，政治的事情也日夜地正在運動中，一定要政敵互現，議論紛紜。而且已經於前年之政變時，孰是孰非這件事姑置之莫論，雙方因爲主義之不同而爭鬧過。若是政治上爭鬧起來的時候，於經濟商業上也必起同樣的事，且恐今後更要厲害起來。當着這個時候必要的東西，是應該有所謂不偏不黨之說才好。可是這種不偏不黨，口裏雖是說着，心裏可有所偏，因爲自己一身之利益的關係，總是難立公平之說。於是乎就在現今全國中聊可營獨立之生計者，加上這種人多少再有點文思，他無論在政治上或在商業上沒有野心的，恰如超然於物外的樣子。我自己的心裏自問自答地：像這

樣的人除了自己以外，適當的人物大概很少罷？於是我遂決心着手新事業的就是時事新報。——「福翁自傳」（老餘之半生）

Pulitzer 關於新聞紙的作用之所說，誠然很有道理，可是新聞紙這樣東西，實在能那樣地純眞無垢麼？這不得不令人可疑懼的一件事。固然在中世紀，或是暴壓新聞紙的時代，新聞紙常常敢行爲自由之聖戰；可是到了現在，比較的雖然仍有站在獨立不偏之立場上的，可是因爲大多數的新聞紙都成了資本家企業之一種的原故，對於新聞紙期待它能爲一個絕對純眞潔白的東西，這眞是一件困難的事情了。因爲這種原故，在此就產生出了像 Hillare Belloc 樣的自由新聞（Free Press）之論者來了。Belloc 說：「我所叫作自由新聞者，是我對於叫作御用紙這樣東西的一種反動而起的」。因爲現代新聞紙（一）成爲或人的宣傳機關了；（二）往往曲解事實；（三）發揮無責任的暴威。固然自由新聞這種運動——換一句話說：新聞紙之自資本家或自政黨之解放，這從新聞紙的理想一面講起來是可慶之事，然而事實可是至難的問題。名稱雖爲自由新聞，要是加擔爲勞働階級的一個戰士的時候仍不過是陷入了一階級的宣傳機關，從資本家階級看起來，說不定還要笑爲那是掩蔽眞理的。要之，從事於製作新聞紙的個個，卽所謂新聞記者的人們、務必常存着不偏不黨的心，把握住福澤氏所述之精神而作社論或來探究紐斯（News）的時候，現代的新聞紙，雖然在資本家企業之下，也能製作出比較公平公正的新聞紙。

二　新聞紙的兩面

現代新聞紙，若從經營的立場來看的話，是好像在社會上賣兩樣商品的樣子。其一：是賣給讀者以有益的論說，與有興味的清新的新聞。其二：是賣紙面與廣告主。所以單純地只來看新聞紙的經營的時候，必以爲這是和別的營利事業沒有別的差異，可是新聞紙這種東西，是和別的營利事業有完全意趣不同的，是帶了些公共的性質。關係製作新聞紙事業的人們，是和其他之銀行公司等作事的人，有一種不同的獨自之責任，與不可不擁護公共的利益之自覺心。新聞社的經營者或是股東，假若他所關係之新聞社的營業成績佳良，他得了權利，「我不願意從新聞社得權利」也有這樣的人而退回他應得的權利。假若營業成績不佳沒有權利，也沒有聽見有說不平的話的人。這個原故，就是因爲關係新聞紙事業的人們，至少他們都覺着新聞紙與其他的銀行公司等在新聞社自身的制度上，有和其他的性質不相同的地方。

現代新聞紙，是具備着營利的與公共來的兩面之性質。這就是新聞紙若從其經營的方面來說是一個完備的營利公司；或再極端地來說：這是和百貨店旅館等經營沒有何等之差殊。新聞紙之經營者把他的營業政策巧妙活潑地運用，是來計劃着：「如何地才能賺錢。」這是用以補編輯局日日增大的化費，而且至少也必須生出幾分利來以爲這個社的純益金。在一方面讀者的要求，漸趨於複雜多歧，越發要來要求紐斯內容之豐富的，精細的，有興味的東西的時候，越發使着編輯局爲要維持這般讀者，甚而更進一步地爲要增加讀者之目的起見，好像近乎浪費一樣地，不得不來投資蒐集紐斯與 infarm ation 之必要了。所以營業局與編輯局，必須並同的來資紙面，盡力的經營而得了利益以供給編輯局之用費。換一句話可以這樣來說：新聞紙的經營，雖爲擁護助成公共利益這方面的人格者，可是在他一方面，可以說他是新聞的販賣者紙面的販賣者。

近年在日本新聞界的前輩之中，有說：『新聞紙是事實之報道機關，而不是教育指導的工具』之話的人，這是把新聞紙過於看做商業化的一種見解，是我們所不敢贊同的。固然新聞紙的News與論說，是給與人一種興味的東西，是報道某一件事實之一種工具，可是News與論說，它有感動公衆大多數的感情力量的這一件事，是不能否定的罷。況且有偉大的指導力，抱着高尚的職業的精神，而只是一味的拿新聞紙當作商品．只是露骨地記載些情死事件，殺人行爲，或是可厭的家庭的內部生活的時候，這是不能不從新聞人格的立場上來自制的。況且這也是應當自制的。那

來，從這裏才可產生出來莊嚴地新聞倫理（Newspaper ethic）

三　新聞紙的定義

以上把新聞紙的外的與內之實質說過了，可是還沒把新聞紙是什麽樣的東西的定義下過。關於新聞紙，從來有下種種之定義的，John L. Giucn 說：

「新聞紙是每天的必要物；人都是喜歡新的 Information（報道）所以（一）喜歡讀社論的人，他一定是希望着新聞紙作爲輿論的模範，社評之能公平公正。（二）喜歡看雜報欄的人們，拿新聞紙是成了每日所發生的事件的記錄者。」

Belloc 關於 Press 述之如左：

「Press 這種東西，是配布用紙片印刷成了的定期式不定期的（普通是每天）紐斯與思想之謂。」

也有把新聞紙這樣說明的：

新聞紙是（一）報道當日的紐斯，（二）爲使讀者明瞭這個紐斯的意義，前者稱之爲 RePart（報道），後者叫做 Ebitorial（評論）。而且新聞紙也須給讀者以娛樂的 information 與有益的 adiuce。

明治四十二年五月公布之現行新聞紙法，觀其第一條述之如左：

本法之稱爲新聞紙者，是用一定之題號定一時期，或於六個月以內之期間，不定時期而發行之著作物；及於定時期以外面與本著作物用同一題號臨時發行之著作物之謂。

要之，關於新聞紙，還沒有定在一定的定義，而要下一個一定的定義，也因爲這是極困難的事。只是新聞紙之爲物，不問其定期與否，能將記事，評論，寫眞等以最迅速地去印刷，而擴廣配布的事是不能否定的罷。

四　新聞（News紐斯）

這樣來究竟的考覈一下，新聞紙的根本要素之一，不能不說就是紐斯。把現代的新聞紙，真正的來活動去用的東西，敢斷言只有紐斯。無論是記事，評論，寫眞，若是離開了紐斯價值的時候，一點也沒有什麼權威，什麼興味，就是成了沒有新聞紙價値的東西了。文學士藤原勘次氏之著「新聞紙與社會文化之建設」上面說：「以公告性作新聞紙之形式的本質，以新聞（News）作其內容的本質」這一句話，我和他差不多作同一的見解。

那末所謂News者，到底是一種什麼東西呢？在未考察Neus之本質以前，先來考覈一看News之觀念語源。News的觀念，都說於十六世紀之時代就已經用過，在卡沙的 Troilus and Creseide 之作中有這樣的句：

There is right now come into
The towne a gest,
A greek espie, and telleh neue things,

For which I come to tell neue things.

恐怕這就是從News things之字，而轉化成爲"News"的罷。一千六百四十年出版的"Wits and Reereations"的詩中，才有News這個字發現。即：

"When news doth come,

if any would elisenss

The letter of the world,

resolue it thus;

News is conveyed by letter,

Word, or mouth,

and comes to from

north, east, west, or south.

在我所知道的範圍之內，所謂News這個字，是起生於德國，而輸入到英國而利用之。最後又移至美國而把News的性質大為發達，以至於能發揮其特徵。

五　新聞News的特徵

在這裏我們試來想一想『News到底是什麽』這件事。實在說起來，News是現代世界上的一個知的渴望之的，也是社會生活上的一個實際的必要的糧食。就是大多數的民衆的心裏，就好像飢餓者貪食物的樣子，所渴望着的一種精神的喊叫。所以新聞紙若是沒有了News，就要完全失去價值，可以說那就只成了印刷的一片紙了。

新聞紙雖是將社會生活上種種的事件來報道的一種東西，可是新聞紙的秘訣，若是沒有趣味的東西是不成的。就是說News是必須要有意思有趣味的。這就是新聞研究者所說的News價值……也就是在這裏我所說的有吟味News的特徵這件事的必要了。 WiseOnsin 大學新聞科之 Hyde 教授他這樣地說News：

紐斯（一）是最近的事件的記述；（二）不論與這個事件有否關係，能惹起讀者的興味；（三）使讀者的大多數感着很有趣味的最近的事件。只是這些，還好像沒有把紐斯的特徵說完全的樣子，在這裏更把 Bleyer 氏關於紐斯是什麼東西質問全美的新聞記者，而於數多之回答中，舉出了紐斯的特徵如左之十種：

（一）讀者之願意知道的東西全都是紐斯。

（二）不傷損善美的趣味，而在不成爲法律上的誹譏罪的範圍內，讀者之願意看的東西，全都是紐斯。

（三）惹起人的感興的事情，全都是紐斯。

（四）成爲人的話題的東西，全都是紐斯；越發生了議論越發能增長紐斯的價值。

（五）紐斯者，是能夠惹起讀者的興味的事件的精確而迅速的報道之謂。

（六）紐斯者，是能增進一般的利益，指導個人的東西之謂。

（七）紐斯者，是關於一切的事件的感想，與其結果之報告之謂。

（八）紐斯者，是一切的事件對於人生有興味的觀念有關係的事實，而於人間的生活及幸福有交涉的。

（九）紐斯者是使別的人們來評價這是多麼有興味的事之謂。

（十）紐斯者是對於一般有興味，包含着那個時代的一切的活動，最良的紐斯是能給最大多數的讀者一種興味的。

Bleyer 氏把以上的諸說綜合起來說：『機敏地給多數的人們有興味的一切的東西稱之為紐斯。』而我願意這樣來說明就是：

把最新的事實，精確地迅速地印刷成了，而使最大多數的人們生起了感興的東西，就是紐斯。

所以第一的要件是必須新事實；舊事實無論以如何的名文達筆寫出來，編輯者對於這個不過好像反古紙樣的要投進於紙簏裏去。第二的要件是要精確；事件無論如何的新，若是缺少了精確的時候，不可故意而揭載的。一見迅速與精確好像不能兩立樣的，可是這可由新聞記者的知力，德義心，經驗等對於或事實之報道也不是不能得到嚴正之判斷的：所以不能說因爲貴迅速而就來報道虛僞的紐斯。

六 新聞的進化

關於紐斯是有一種什麼樣的內容這一件事，已經述其大體的概念了。然而以上所敍述的紐斯的概念，不過只是述說了最近所謂紐斯者是這樣的一種東西而已。

新聞紙發達以來，雖已有長久之沿革，可是像紐斯的定義樣的東西還沒有，而且就是所謂紐斯這句話，也是近年新聞研究者來特別用出來的。然而原始的新聞紙也不是沒有紐斯的，不過只是紐斯價值的內容與現代新聞紙的內容不相同而已。所以可說從原始新聞紙一直發達到現代新聞紙，在紐斯的內容上是生了著顯的進化。

新聞紙的沿革相當有很古的史的過程。依着羅馬的史家講起來，在羅馬帝國的全盛時代，已經有 Acta Senetus 與 Acta Diurna 兩種新聞紙了。兩紙都是從羅馬中央政府將必要記錄報道給各地方的軍隊的機關紙且公告關於元老院的議事裁判的結果與死刑等，以及於其他市井的雜事。依着別的史家的傳說，原始新聞紙的發行，中國比羅馬還早，就是比着於西歷紀元前六十年頃羅馬所發行的兩紙還早，已較此早九百餘年前的周時，已經有所謂『京報』這種新聞紙的刊行了。其後又有『春秋』這種報之出現，唐玄宗帝時更有所謂『開元雜報』之發行。新聞紙的起源於東西的兩古文明國，偶然地都是以同樣的內容，而產生出來的這一件事是頗饒興味的。

古代中國及羅馬新聞紙，純然的是官報，都是官憲來作製記錄，檢閱記錄而製作成新聞紙；而其所報道的內容，對於當該年代的人們或是紐斯之一種也未可知，可是這些都是統治者為其必要起見所公告的命令，布告，與宮庭之動靜會議為主，這不是爲現代新聞紙的概念的紐斯。紐斯的蒐集範圍因爲是被限局了，不過只是對某知識階級的公告，因而紐斯價值也與現代的新聞紙有不得比較的不同之點。

眞像新聞紙樣的東西產生出來的時候，還是從官報形式離開了，而於職業的組織之下，職業記者來寫，而賣其新聞紙以後的事情。於千四百五十七年從 Bauaria 的 Nürnberg 發行「Gazetta」紙。這是一枚賣一 Gazetta（小貨幣）所起的名稱。其次於千五百六十六年所謂「Notizie Seritte」者，爲意大利最初之月刊新聞紙產生於威尼斯，漸近於新聞紙的體裁與內容了。其紐斯的內容，是揭載自世界各地來的珍奇的情報，而惹起了威尼斯人的興味，而且記事不必服從官憲之意，比較的可以自由地報道政治記事。就是讀者階級也從這個時代不僅是王侯，士族，學者，僧侶等的階級，已擴廣至商人階級了。

和意大利並列着看見新聞紙之發達的是德國。德國也於交通之要衝，商業之中心地的都市，開始有新聞紙之發行；其報道至於大陸，地中海，及北海方面的事件。Nürnberg的「Gazette」紙，Frank-furter 的「Zeitung」紙，Augsburg 的「傳眭」紙，

Köln (cologne) 的「苦倫苦」紙，都是由職業的記者行紐斯的蒐集與編輯。次於千六百二十一年英國創刊「Weekly News」紙，千六百三十一年法國創刊「Gaze-tte de Franee」紙，千六百五十六年於和蘭有「Current」紙，千六百九十年於美國有「Publie Occurrances」紙，千七百三年於俄國有「Gazette」紙等續續的發刊了。

中國及羅馬的古代新聞紙，每於事件發生了，就寫於揭示板上貼出來，對於地方的王族，軍隊，及其他的就用紙片，木片，或羊皮等用筆寫成而送遞去。及至中世紀，手記的新聞紙是數月一回，或是一個月一回的間隔的發刊，漸漸發達成了週刊新聞紙。隨着因爲印刷機的發明，新聞紙漸具近代的形態了；而且蒐集紐斯的範圍益廣，將火炎，殺人，洪水等的事件，都想在迅速地來報道之觀念下而製作新聞

紙了。

七　印刷術的發達

印刷，就是 Print 這件事，大概是從拉丁語之 Premo 一字出來的。而所謂印刷這個觀念，是紙，Ink（墨水），刷的三條件是必要的。在 Printing 的種類中，有銅版刷，鉛版刷，石版刷，木版刷，種種樣的方法。可是來做賣買的以墨水來印刷這件事，是比較的屬於近代的事情。活版術是於千四百三十八年頃發明的，銅版刷是於千四百五十二年時代才用的。

古代雖已發見紙的製法，然而去印刷所不可缺少的適當的墨水的作法，還好像沒有的樣子。但是傳說類似 ink 的墨汁，已由希臘人羅馬人用過，這可以看見古代羅馬有書籍業製書業的事而大略可想像得知的。中國比羅馬還早，從古就使用墨汁這件事是很明瞭的。在印刷術上起了革命的事，就是把墨水的原料加上 oil（油）而致來了一大發展。以上可說印刷術已經有了極久的歷史，於千四百三十年的時代，已有印刷器械與銅版等的發明，可是爲甚麼這些利器未得活用的原故，就是雖早已有了這些文明之利器，爲甚麼在長久的時間，仍以手記的新聞紙，不用說這因爲印刷器械太高價了，來製作新聞紙不能投如此多大之費用的緣故。到了現代，以高價的輪轉機，安價的得來賣新聞紙這件事，眞是當時所想不到的。印刷器械之發明，就是從手記新聞紙轉移至印刷新聞紙之間，關於戰爭，疫病，殺人等事件曾發行過像今日之號外樣大的一張印刷成的東西的過渡時代這件事，是特值注目的。

八　近代新聞紙之曙光

十八世紀的印刷新聞紙，把手記新聞紙完全一掃淨盡了。從來年刊，半年刊，週刊的東西，因印刷術的發達一躍而爲一週二回之發行，繼有日刊新聞紙的出現了。日刊新聞紙之最早的，是千六百六十年德國之 Leipzig-Zeitung 紙，繼此者則於千七百二年英國之 Daily Courrant 紙，千七百七十七年法國之 Journal de France 紙，千七百八十四年之 Pennsylvania Packet and Daily Advert'ser 紙。日本於明治三年在橫濱發行之橫濱每日新聞是日刊物中之最初的。

中世紀及至十八世紀初期的新聞紙，差不多全止於無味乾燥的記事或政論，而與多數讀者一興味的事是完全未顧到的。在英國的新聞紙，差不多都是爲一個政治上的機關而發達的，Examiner 及 Craftsmon 兩紙，成爲最激烈的偏重政論的新聞紙界。Examiner 紙於千七百十年以 William King 博士爲主筆而創刊的純然 Tory（多利黨）的御用紙，千七百二十六年創刊的 Craftsman 紙也完全於 Tory（多利黨）的機關紙。

新聞紙像這樣滔滔的政黨機關文化的時候爲其反動的產生物「他特拉」與「斯沛苦特他」兩新聞紙？英國的新聞紙界稱之謂「家庭新聞紙」(Home Jou-rnal)。「他特拉」與「斯沛苦特他」的發行者與從事的政治趣味相反對的完全蒐集適合於婦人的記事，遂開始苦心以興味爲本位以編輯新聞紙了。

然而在英國的新聞紙界更起了新的運動了。在十八世紀的後半期的時候、不但在倫敦，卽其他的地方也陸續出現新聞紙，千七百七十年有『Morning Chronicle』紙，二年後有『Morning post』紙，千七百八十一年有『Morning Herald』紙，於千七百八十五年爲太晤士紙的前身『Universa Daily Register』(三年後改名太晤士)由 John Walter創刊了。可是於千七百八十九年 James Berry主宰 chronicle紙後，常與太晤士紙立於競爭的地位。這就是新聞紙是由紐斯的蒐集，與紐斯的新編輯方法的發達而開始競爭。 Walter 因有新聞紙 競爭的好敵手 Berry 之出現，遂竭力於蒐集紐斯的新方法以謀太晤士紙的改善。他的最先的計劃是揭載外國通信；因此特派通信員至法國。爲要迅速的報載其通信於紙上，特雇了小型的快速船，此船不斷地往復於英法海峽以運送通信文，這不但因有了外國通信得以大添精彩，且可敏捷地將外國事情報道於太晤士紙上，其探知報道外國的諸問題較政府方面爲早。又一件事，就是 Walter 在英國的新聞紙界上打破了直到當時的意見本位(oppinion)的迷夢，而標榜出新事實(News)本位地。此蓋爲新聞紙抬頭的先驅。

美國的初期新聞紙也和英國同爲政論本位的。新聞紙界的主潮，追溯來看盎格魯撒遜的系統時，「Editorial Press 紙是大發揮特色的。在這倚派花彤記者中有 Horaee Creeley 其人。他的政論雖爲民衆指導的動力，可是他不知幾時的也被人評爲「不是個新聞記者是一個論客」了。然於此不可忘者就是美國「新」新聞紙之前衛『New York Herald』紙的發刊這事件事。Herald 紙是由 James Gordon Bennett 創刊，而 Bennett 其人，實在是現代新聞紙的「紐斯」(News)的發明者。他爲露頭角於紐約新聞紙界傾倒全力於 Wall street（美國金融中心地）的記事。不用說這是政論本位的新聞紙所閑却的財政金螎的一面來講求精確迅速的報道方法，於一方面爲尊重社會部記事起見，特派新聞記者駐於警察署，而揭載從警處所採訪到的紐斯。在營業與編輯上開拓了新天地的 Bennett 遂開始壓迫其他的新聞紙，使陷於破產的新聞紙採取買收合併等等的方法。Bannett 的時代既過，隨後抬頭的新潮流是於千八百八十年以聖路易（Saint Louis）及舊金山為中心所培養的所謂「黃色新聞紙」（Yellow Jourraism）之為物，這個新潮流於紐約遂結成果實。「黃色新聞紙」之開拓者不能不推 Joseph Pulitzer 與 William Randolph Hearst兩人。Pulitzer 在聖路易作新聞記者更轉轉華盛頓，紐約等處為一記者，後駐足於「New york sun」紙。千八百七十八年聖路易之「Post Despatch」待將倒閉遂買收之為社主。蒲氏蒐集紐斯時發揮組織的獨創力，更傾注全力以紐斯為本位以揚新聞紙的聲價。既其買收「紐約 World」後，益盡力於紐斯本位以製作新聞紙。黃色紙的開拓者在一方有 Hearst 其人。他是大富主之子，其父為政治上的目的刊行「San Franc sco Ex-aminer」紙，及父死後遺於彼手，遂完全以新生面創始之。他斥退了其父時代的老記者的忠告而集有名的新聞記者。在此年輕的經營者之配下有英國新聞紙界的錚錚者 E H Hamilton 氏，政治漫畫很有名的德賓鮑特氏，感覺主義的編輯者 Arther

Brisbene 氏與馬苦溫氏。馬苦溫會說：「我們所要求的好像是馬加上鞭樣的刺戟感情的東西」：這可想見其編輯的方法了。因此 Hearst（哈斯特）的「Examiner」紙上所揭載的新聞，差不多或是舊金山市立病院對於患者的虐待樣子，或是經營之惡劣，或是教會的浪漫史，或於判裁所的姦通事件以特大的活字來報道了。

對於這個「新」新聞紙的黃色新聞紙，後代不免要起強烈的反動，可是它把新聞紙的紐斯地位提高了這任事不能不說是有偉功。對於感覺主義的新聞，及對于製作感覺主義新聞紙的反動也或者是新聞紙發達的一過程罷。

第二章　爲自由的聖戰

一　言論的自由

回顧現代新聞紙發達到今日的樣子，那實在是社會的發達的正史，那實在是往思想之自由去的發展。所謂思想發表之自由，不用說就是言論之自由。新聞紙的發達史的基調，不外乎就是爲言論自由的聖戰的史觀。

往自由去的聖戰的開始，從世界史上看起來，已經在古代卽發其端。雖然這樣說，可是戲曲的來展開一看，第一就是：文藝復興運動與宗教改革；第二就是：啓蒙的哲學之鼓吹；第三就是：法國大革命；而於此法國大革命結了很光輝的果實了。思想之自由——言論之自由固不待言的，這是被壓迫着的人格的囘生，與個人的解放。文藝復興是在歐洲的上流社會裏，起了貴族的革命，是要囘復像古代希臘羅馬的人們所享受樣的個人的權利的要求。宗教改革，是要從混濁個人良心教會的暴壓令裏解放出來的熱烈的民主運動。啓蒙哲學，是由特嘉爾的以「自己」爲獨立的出發點，來布尼玆的強調個性，而更由康德將一切的自然的法則歸於「自己」而倡自己的絕對。盧梭的『社會契約說』暨法蘭西革命，是將個人的主權在形式上認許了；就是由血得來的『人權宣言』的第十一條上說：「思想交換之自由乃最貴重的人權之一也。」而更於千七百九十一年的憲法上規定了『將言論之自由爲其天賦之權利及法定之權利而保障之。』

在法國，言論的自由還在未用憲法規定以前。新聞紙的勢力是極其旺盛的。當如千七百八十九年創刊的『Journal des Debats』這是在當時拿破崙的治下，發行部數有三萬二千部，在當時實爲可驚的勢力。像拿破崙那樣的英雄，也知道了不能和新聞紙的偉力作敵，所以雖在憲法上許認言論的自由，可是對於政府的不利益的紐斯，在世間上還不知道的時候，就禁止其揭載。而且新聞紙的名稱本來是『Journal des Débats"的，使其改爲"Journal de L'inPire"了。然於千八百十五年又改用舊名稱了。但是，法國的新聞紙界於千八百五十年代的時節，又因拿破崙三世的出現，言論出版的自由又被奪走。新聞記者遭投獄之難的人也很不少。

德國也由法國大革命在思想上受了非常大的影響。德國的大學生等組織種種的會，高唱德意志的統一與自由主義；遂使當時的反動政府斷行抑壓一般的言論機關。一千八百三十年代的時候，因爲徹底地要限制出版及編纂自由的政策，因而大學生，學者，新聞記者身遭投獄流罪的人，漸漸的爲起來了。在千八百三十三年Wiiretnterg的政府，有一個大學教授爲要出席議會要求賜假被拒絕，大學教授於是提出辭職，而當時的政府，好像就等着他要這樣辦的而許可其辭職了。德國的自主與德意志的再統一的思想，是充滿了於慶祝漢把祭的人心了。其時正當千八百四十八年三月的革命，這給與德意志國民的精神生活中一個大收獲。那就是當時的政府，是由自由主義的大臣們來組織的，Frankfurter 的德意志聯邦議會崩壞，而成爲異教的往就一與自由去的聖戰了。就是在這個『三月之變』的結果，成立了『由國民自由地所選出的德意志國會』，其議事日程是如次列之順位來討議的。

（一）出版之自由

（二）宗教良心，及教授之自由

（三）有陪審裁判的司法制度

（四）德意志一般的公民權

（五）適法的所得稅

（六）各人平等的安甯，教育及教授

（七）資本與勞働之不權衡的比較

（八）勞働的保護及保證

（九）一切的閣臣及官吏的責任

（十）一切的特權的廢棄

由着這個革命，德人先得到了出版的自由。對於新聞紙的彈壓政策漸形緩和，學者可自由地去想，自由地寫出而刊行。繼而又發起廢止檢閱官的要求。可是自由主義的勝利，忽因內訌而微弱了勢力，遂被威廉四世頓挫了。威廉四世很厲害的一句話是：「把民主的污物從德國的憲法遠去！」於是又進了激越的反動期。而聯邦議會的決議，以及憲法所規定的出版的自由，重又轉覆無有。畢斯麥的時代的在大體的他是不以新聞紙為己助，而壓迫之如仇敵。他昂然地激語說：

「要來解決目前的大問題，不是什麼大多數的決心或是新聞記者之徒所能解決，這只是用鐵血方能解決。」

這種無視憲法的態度，遂於千八百六十二年五月公布新聞紙彈壓的出版令。這樣看起來，現代新聞紙直至得到了出版自由的保障的戰鬪，實在是不容易的。

二　英國言論自由的獲得

言論抑壓，是無論那一國不能不體驗的苦楚。甚至於稱爲『新聞紙之自由』的發祥地的英國，也直到近世紀沒得到出版的自由。十五世紀時代的言論抑壓的方法：(一)務使不增加出版業者；(二)出版前加一嚴重的檢閱；(三)對於外國書籍，採行峻嚴的檢閱方針，而要經營出版業的人，必得『國王的特許』才可。新聞紙的發行，不用說也須得國王的特許。English Mercury 是於千五百五十八年得依麗莎伯女王的特許所發刊的。查理一世三時代，在『星廳』Star chamber 公布了嚴重的出版取締令，新聞紙檢閱官看見少有攻擊國政的新聞紙，就加非常的壓迫，因此在英國最早發行的『Weekly news 紙可惜的也不得不於千六百四十一年廢刊。當時的新聞紙，被國王或宮臣等所歡迎的，則只有王黨的新聞紙，名『馬邱里歐里苦斯』這一份，在克林威爾的革命時代是和查理一世時代正相反的，就是政府的新聞檢閱官對於王黨系的新聞紙加一痛烈的抑壓，甚至于案王黨系的著名的新聞記者宣告死刑。

隨後於查理二世時代發布的『免許法』，這是言論取締令之最露骨的法。原來這是一個王黨系的新聞記者，在克林威爾革命時代被宣告死刑，而後得救，及王政回復，他就建言查理二世遂成了這個反動的新聞紙取締了。

「免許法」之大要如左：

（一）印刷，或將輸入印刷物者，必得國王之特許。

（二）出版時，必先受檢閱得免許方可。

（三）法律書必由大審院長或控訴院長得免許。

（四）歷史書須得內務大臣之認可。

（五）神學，哲學及自然教科書，須由 Canterburiz 大僧正，或由倫敦僧正處得免許。

（六）禁止著者之匿名。

（七）豫先若未通告印刷組合，不許所持印刷機械。

新聞紙的社論，不但不能自由地來論評，而且這還把新聞紙的發行，看做一種違法行爲；而以爲這是可由國王的特許，方可消滅其違法性。當時「London Gazzette」紙，是得揭載宮王，或是政治記事之唯一的御用機關紙。所以Macaulay評當時的新聞紙說：「政府是除了使國民知道也可以知道的東西以外，沒有印刷什麼別的」。

當時新聞紙所用的紙的大小，也由議會法加了一定的制限。喬治四世之千八百二十六年，雖是發布了撤廢限制的法律而漸至自由了，可是新聞紙是要印刷於貼上了印花稅的用紙上才可以。廢止此法的時候，是維多利亞女王時代的千八百五十四年的法律。

檢閱新聞紙這件事，漸至無力的時候，是威廉三世的時代。在威廉三世，瑪麗二世之時代，「新聞紙的自由」漸得具現了。因此新聞紙就續續地有發刊的，其中「Post Boy」，「London News Letter」，「English current」，「Flying Post」等是主重的幾份。千六百九十五年的議會，把新聞紙發行免許制撤廢了，這件事實在不能不認為是英國的新聞紙發達到今日的基因。千六百九十年有 Edinburgh Gazette 之創刊，創始一週二回的發行，而於千七百二年英國最初的日刊新聞紙「Daily Current」出現了。

現代英國的新聞紙與新聞記者直至能把握到「自由」，新聞記者的苦心，一定是極不容易的。稱為現代立憲政治發達之淵源的英國議會，尚且也有憎惡新聞紙及虐待新聞記者的事。千六百四十一年的下院，恐怕將議事錄及其他之書類給了議員就有揭載於新聞紙之危險，所以這種書類的寄送遂停止了。翌年 Sir E. Dawlngi 將其事下院說的東西，自己集錄起發刊了，當時的議會就嚴命燒却其出版物，且將 Dawling 投之入獄。在千七百三十八年四月，下院「在議會的議事絕對地守祕密」這個決議案，是由溫斯羅議長的發議而得滿場的一致可決了。及至千七百六十九年的時候，漸次對於議會議事的報道少形緩和壓迫，可是作新聞記者的事情，是費有不少的心苦。種為議會記者之先驅者威廉窩特福，因議會不許在議事中抄於本上，他只得坐在傍聽席『作閉目兩手擱膝上而默聽』，所以他只得由其記憶力來寫議會記事，而其記事內容之精確當時甚爲人所驚嘆。

十九世紀之初葉起，議會才對於新聞記者不待之如討厭的東西看待了。千八百三年議會開始設了新聞記者席，而於此才將因襲打破了。及至千八百五十年代的時候，在 Westminst r (議事堂)，新聞記者是可自由的活動，而新聞記者席也是占了優秀的地方，位置的外觀也極莊嚴的。

英國的現代新聞紙，及至得到了今日的『自由』，是和別國一樣的，對於新聞紙沒有規定什麼樣的特別法。英國的憲法，因是不文憲法，所以當然也不能有言論出版之自由樣的條文。那末，那裏是來保證新聞紙的自由的？且在實際，言論之自由是如何的來尊重的？這只是由新聞紙或其他有關係於新聞紙的裁判發生的時候，裁判官所下的斷定……就是由着這種判例來決定的。所以在這一點就是英國流之特色處，爲我們所羨望不堪的。

在英國關於新聞紙的唯一的規定，是除的刑法之各條文中有斷片的來取締『內亂煽動』『名譽毀損』『風俗破亂』『冒瀆神聖』之規定以外，別的沒有什麼阻害自由的法令。此點實在是英國的 Journalism 發達的特色與強點。

三　『自由新聞』(Free Press) 之運動

新聞紙為統治者的公布機關的時代有過；為學者，僧侶的通信交換的工具的時代也有過，也曾為商人的商業的企業，政府的御用機關，政黨的宣傳用具等。可是自成了現代新聞紙，各國有力的新聞紙的經營，已脫政府政黨而完全獨立。這就是從舊勢力中解放出，而為新勢力下的一個企業了。所謂新勢力者，不用說就是『資本』。

大多數的現代新聞，差不多全是由社會上少數有產階級的人們，投下資本所成之企業色彩極濃厚的了，同時得有產階級的『廣告主』的援助下經營的一個事業。

在日本的多數有力新聞紙，也全都在資本主義之下設立的。

試觀英國有力的日刊新聞紙是在什麼人的掌裏？這在大體的是 Harmsworth 系與 Berry 系。所謂 Harmsworth 系者，是諾爾克利夫家與羅宰麥家經營的。第一是 Associated NewsPapers Ltd，這是在 Harmsworth 至中最收利益的。其中有力的報紙是「Daily mail」紙，與其他的二三種紙，資本金百六十萬磅（千九百二十一年）七十五萬股中四十一萬股是 Harmsworth 家拿着。第二是資本金六十七萬九千餘磅（千九百二十二年）之 Amalgamated Press Ltd，諾爾克利夫家拿着大半的股份，創立以來配賦最少的時候，還有三成五分之多，可見其巨大的利潤了。而特別令人可驚的是戰爭以來，配賦是在繳納款之四倍以上。第三是 Daily Mirror NewsPaperd Ltd.（資本金七十萬磅），與 Sunday pictorial Ltd.（資本金七十五萬磅）之姊妹公司，前者發行「Daily mirror」紙，後者發行「Sund y pictorial」紙，羅宰麥家把握兩社的股票之半數。兩會社都是于千九百十五年至千九百十九年每年六成最近是五成五分之利益配賦。第四是 The Tines Publishing Co Ltd.。有名的「太晤士」報是從這個會社發行的：六十四萬五千股之全部都屬於溫爾達愛爾滿氏及 H. imsw rth 三家之所有，諾爾克利夫雖費種種經營上之苦心，營業與編輯全想保持着「太晤士」報傳統精神，所以有時僅僅收支相償，也有缺損的時候。第五是供給 Harmsworth 系的諸新聞紙所用的紙的 Anglo-Newfound'and Dette lopment co. 與 Imperial Mills，這些製紙會社也於 Harmsworth 家的勢力下。

Berry 家關於經濟及財政的新聞紙有的很多，其中最有利益的且有勢力的是：「Finineial Times」；其利益之配賦是一成五分。Berry 系的新聞紙，大概都配賦的很少而能經營下去的原故，因爲 Berry 兄弟之關係會社有五十七社，這些會社都是收很大的利潤以補助新聞社。而 Berry 兄弟以財政經濟爲主眼所有新聞紙的原故，是要把一家所關係的會社，以新聞紙的力量來保護。

新聞社要立於最確實的基礎上，一言以蔽之曰：是要有有力的股東，有力的廣告主與多數固定的讀者。因此新聞社不能對有力的股東作不利的記事，對於有力的廣告主也不能惹其不高興。『Daily mail』紙因爲從 Harold 及 Barker 之兩大百貨店一年收十萬磅的廣告料，所以當然不能對二大百貨店作不利的報道，因爲『Daily mail』不願意失去十萬磅的好主顧。在日本有田賣藥的一頁大的廣告，雖然是令人不快，可是新聞社不得拒絕的原故，就是願意要他這莫大的廣告料，而沒有攻擊有田的。關聯星製藥會社的不利的新聞，廣告部往往希望着不要揭載出來，這就因爲星製藥會社是一個外廣告主主顧。

所以若把現代新聞紙的經營從一面看起來，完全要說是成了資本主義下之『奴隸』的了也未可知。所以因此就使 Norman Angell 浩嘆現代新聞紙：『曾爲革命之最大武器而被人所恐懼的比制度，現在成了對於新秩妨害的一個用具了。』Hilaire Belloe說：『所有新聞紙的資本主義與來廣告之資本主義間沒有劃然的區別了：『太晤士』紙的所有者與 Jahn 擴皂 Smith 製藥的廣告主全都是一個了……有時廣告主與所有主相衝突的，新聞紙所有者雖可占勝，可是在大多時差不多是廣告主的勝利，而公衆沒有勝過。』因此財產生了『自由新聞』之運動。其運動者看現代新聞紙：（一）不是一個輿論機關了；就是所謂擁護大多數的民衆利益，還不如說擁護少數資本家的言論機關——成了這樣一個被限制的言論機關的。（二）現代新聞紙不將事件如實的來報道；就是若有關於利害關係者的記事，或是不載，或是來爲其辯護。有時將白的東西寫爲紅的；平然地傳虛報。（三）因爲紐斯是成了商品化的原故，就是卑俗的事件也特書而大書的來報道。有時雖然明知道是紊亂社會之風俗，可是爲去多賣新聞紙，關於情死事件，或是同性愛的事，出奔的事，以及家庭的內情，都描寫如戲曲樣的來報道。而『自由新聞』運動，是對於有這種傾向的新聞紙的反抗而起的一種運動，一種對於新聞紙改革的喊呼，而也是新聞紙自由之聖戰之一。

然而直至今日之『自由新聞』之運動者，因過偏於攻擊資本主義的結果，與新聞紙改革之目的相遠去了。在英法兩國的這種運動論者，差不多都與社會主義者親近起來，而他們所企圖的『自由新聞』，結局也像要成了社會主義之『御用紙』了。若像這樣的時候，爲一個新聞紙也不得不走同樣的跛行的經營方針，這決不是健全的。在我雖然是是認新聞紙之資本主義的經營的，然而斷然也不願忘了新聞紙本來本的使命的，而更不願墮落爲資本主義的『奴隸。』若能深理解 Jour'anism之倫理的部面的時候，新聞紙之製作與經營，是完全可超越『階級利害』而來運用的。且若對於『公衆之利益』看重，『多賣多賺』的事，決不是不可能的。

第三章　新聞記者職業之地位

一　新聞記者地位的變遷

新聞記者之成爲職業的這件事，已經在古代羅馬的原始新聞紙的時代，好像就有了。在紀元前四百四十九年時候的羅馬共和國，那時有謄寫元老院的議事，而報道給地方的高官的，可是那時的記者，最初不過是些有智識的奴隸來充任，到了後代，自由民才有作記者的了。那時的政府，對於新聞記者已有特別的待遇，若是拿着元老院去的出入執照，就可自由地往來出入。從錫西的羅記錄看到當時羅馬的高位大官們，就像安謫斯提尼斯和錫西羅等，他們都有雇用的記者，這些人關於政治上輿論的趨向，或是元老院議事的內容，以及羅馬市內的雜事，地方的事件等，都叫他們來報告。像羅馬市內的官報，也是由政府的御用記者來寫的，取材的範圍，也是被限制着的，材料也不過是原事實的報告而已。因爲不許加上自己的私見，所以當時決沒有所謂評論之類。

原始新聞紙，從官報推移到「人民的新聞紙」的時候，是自由發達的，而新聞記者，也網羅了種種階級的人。在第十二三世紀的時候的 Zeitung 及 Neue Zeitung 的地方，貴族，政治家，大學教授及僧侶們，都是執筆與各都市作通信交換，寫的東西，是關於政治，社會，經濟等各方面的報道。讀這些書簡新聞紙（News Letter）的階級，都是中世紀當時的知識階級們；所以當時的新聞記者的階級是極高的。在宗教改革時代的記者，差不多都是些主唱宗教改革的僧侶和學者們。及到了第十六世紀，威尼斯和羅馬，都有了商業的企業的新聞紙，執筆新聞紙的人，稱爲 Gazettabt 或稱爲 Novellanti 到了這個職業新聞記者的時候，所謂 News 這種東西發見了，因此就來摻雜眞實與虛僞，而作成一個記事的法術了。後來因爲 Pius（比阿）五世法王與 Gregory 十三世法王的忌憚而有新聞紙取締令了。可是新聞紙的經營，巳從學者，郵政局長，商人等的餘閑所做出東西，漸漸到了賣新聞紙而來賺錢的一個職業的事了。

英國的初期新聞紙，是 News Letter 與 Pamphlet。從事於此的人叫作 WRITer或是 Pamphleteer。這些人雖在星廳(Star Chamber)的嚴重言論壓迫政策下，新聞記者還能有活動，可是在這個時代的新聞記者，還沒有被認爲有社會的地位。長期議會(Long parliament)與星廳的印刷出版取締令布告了一個同樣的苛法，因此於一千六百十四年，彌耳敦(John milton)公"Areopagitica"一書反抗之。英國的新聞紙研究家稱彌耳敦爲 Pamphleteer 的先驅者，可說這是如今日的社論記者之濫觴。隨後於伊利薩伯，威廉王的治世，爲一個 Pamkhleteer 的 Daniel Defoe的華美的活躍，是不可看過的。「魯濱遜漂流記」的著者，爲一個政論家，時作王黨的門士，時起於使政府戰竦的地位上，而高揚新聞紙的聲威。國王對新聞記者賜 Knight（爵士）之稱號，或與以特別的榮爵恩典，而使新聞記者的地位得最尊敬的是英國。

在政論本位的時代，政論家與新聞紙的名聲是不可分的。可是新聞紙的發成了『給精確的新聞，而不是給意見，民衆自己可來作意見』的時候，新聞紙的製作，成了論說記者（Editor），與編輯記者（News Editor），與外勤記者（Reporter）（訪員）相互來活動了，特別外勤記者的地位非常看重了。在英國從早外勤記者就有大學生來志願作，素質决不劣於論說記者。而於大學中，英國最初開始有新聞學科。在英國從早就把『職業的地位』Professional Position 鞏固的定下了。

美國的初期新聞紙發行者，與德國同爲郵政局長或印刷業者之手發刊的，而漸次地都被印刷業者之手所獨占了。在美國的新聞發達史上所不可忘的人物，是Benjamin Franklin 他於一千七百二十八年二月，創刊『Pennsyl vania Gazette』紙。他是政治家，文學者，科學者，同時也是一個新聞紙經營者；恐怕他是在美國最初經營者兼新聞記者的人了。在經營困難的當時新聞紙界，唯有『Penn-sylvania Gaz

-ette」紙，是載有興味的小說，時事新聞，與廣告等，讀者數非常增加，數年間從購讀料中得一萬二千磅，廣告收入四千磅的利益。他於一千七百六十五年三月，反對印花條例（The stamp Act）參劃革命，而被舉爲獨立宣言書之起草委員，等到美國獨立後，當合衆國憲法制定會議時，代表 Pennsylvania 出席而有貢獻於憲法制定。在他政治的，外交的活躍中，其所經營的「Pennsylvania Gazette」紙，成爲其後幾多新聞記者或新聞發行者之搖籃處，並訓致尊重新聞紙的言論的風潮了。

當時「New york Gazette」紙，有政府的御用紙之觀，而以印刷之自由，與爲民衆之機關新起的新聞紙，有「New york weekly Journal」紙。凡政論家都在這個紙上，奮鬥反抗政廳之暴壓。在這個時代的新聞記者，不過是政治家兼政論家的人，或是政論家兼經營者，所謂職業的記者階級，還沒有出現。

北美合衆國的憲法制定後，及至大統之選舉，而內外施政，也漸趨歧端，在此自然生出了進步與保守之二大政黨：一方有主張中央集權的保守派聯合黨（Federal）他方有反對大總統如皇帝一般地進步派之共和黨（Republican）。兩政黨各有政黨之御用紙以相對峙，一方有聯合黨之「Cazette of the United States」紙，他方有共和黨的機關紙『National Gazette』：雙方的論難攻擊，頗爲激烈。千七百八十四年於費拉得爾費亞，有「Pennsyluania packctand Daily Aduertiser」之發刊，這是美國最初的日刊新聞紙。其後各地續出日刊新聞紙了，而於此特足特筆的事，是「New Hampshire Journal」的經營者 Royal Tailor氏，因爲他是哈佛大學的畢業生，從這個時代起哈佛大學與其他的大學出身者漸有進而爲新聞紙的經營者及願爲新聞記者的傾向了。

在美國的新聞紙界：也因有一片新聞（Penny Pr-ess）的出現，而爲顯著之飛躍。一片新聞之最初的，是哈佛大學之出身者濕爾達於千八百三十年七月所發行的「Daily Evening Transcript」紙，可是爲 Pren 最成功的人，是Benjmraisy pres

Henry Day 於千八百三十三年所發行的「Sun」紙。別的新聞紙正在沒頭於政論中的時候，Sun 紙於取材及編輯，完全載入新方向，如街頭所發生的事件，以及家庭的瑣碎事來有興味的報道，因而博得非常的好評。這個新機軸是 George W. Wisner 所考案的，他有「美國最初的新聞記者」(First american Journalist) 之稱。美國的現代新聞紙於南北戰爭及其他之幾個波瀾裏竟遂成異常之發達，有凌超先進英國之盛觀。而新聞記者的地位也因各州立及私立大學。新聞學科或新聞學校之設立，受過職業教育的新聞記者輩出後，得確築其職業的地位了。

二　新聞倫理的喚起

現代新聞紙的主潮，被「商品主義」(Commercialism)，或是「感覺主義」(Sensationalism)，或是「黃色新聞主義」(Yellow Journalism) 所淘湧，動輒就有反逆新聞紙本來的使命的樣子了。即於日本新聞界之先輩中，也有平然地說：

「新聞紙是商品」的、也有每天作出的新聞紙只管迎合惹起下等之本能，而作挑發的報道的，這是使害了抱着製作「善良的新聞紙」爲理想的人，結局馴致只以迎合讀者的最惡的論調之新聞紙出現了。而且在一方面新聞記者的素質的低下，更使新聞紙至於墮落之境。所以最近於日本也有「新聞倫理」運動之興起了。在美國爲反抗黃色紙化，從早就有新聞倫理的具體運動於新聞記者間生起來了。

被一般認爲現代新聞紙之缺陷的，如次所列舉的幾點。

（一）新聞紙對於所報道的「誤報」很無責任的，對於訂正之要求也很不親切。

（二）有時被廣告主或有力的勢力，把News的報道牽制了。

（三）只好作殺人事件或情死等的報道；時或有粉飾誇大事實之事。

（四）報道有甚缺精確的時候。

（五）混同公私的生活；有摘發公人之私行的，或故意揭載虛僞之記事。

要之這是因爲新聞記者，作新聞紙倫理部面之「公共利益」的擁護者之自覺心的缺乏所起的。這一點無論是爲論說記者，或爲外勤記者，都應該共通感到的對於社會的責任。

於「新聞及新聞記者」（東京新聞研究所出版）中關於「現任新聞的缺點與其改善策」徵求各方面之意見，於此揭載其回答之三四如左：

醫學博士　北島多一

（一）科學的記事之貧弱與不精確。而徒摘發私行，姦淫，盜賊等有害無益之記事占滿紙面。

（二）記者應用有學識的，人格高尙的，不請無能幹的記者。

貴族院議員　阪本釤之助

（一）（A）某一新聞紙少有先登過的記事以後一切也不登載的了，若是不購讀一二種以上的報紙重要事項不知道就過了。這實在很遺憾的。

（B）地方的記事都讓於地方版，而不揭於中央之本紙上，所以中央之讀者不知地方的事件是很多的。

（C）記事之選擇，與沒有愛憎偏頗之跡麽？政黨之關係雖謂不得已不能不有，然而到底也不能不疑慖新聞之天職。

以上乃常感不滿之處。

（二）如岸田翁之經營東京日日新聞，成島翁之於朝日新聞，栗木翁之於報知新聞，福澤先生之經營時事新報的精神與努力，順應着時代前進，一定能成一個可讀可敬之新聞紙了。

帝劇專務　山本久三郎

（一）感着淆亂的記事，要來辯明，也不充分的割愛餘白，這是常覺不滿的。

（二）應來代表輿論，而廣載現代代表的人物之意見。

東洋大學教授　高島米峯

(一)極沒有意思的窮家的閑蓼蔦也用大活字來揭挑發，而於文化的事業，或是團體的嘉言善行，有不喜來介紹的傾向，這是常覺不滿的。

(二)優遇記者，網羅人格高潔見識穩健的人才，更於社外各方面請專門家作賓客，常徵意見及求指導等以徐圖其理想化。

若看以上諸氏之意見，大體是指摘出來了我國新聞紙的通弊了。而於新聞紙的改善上是期待什麼樣的事情也可大略的察知了。

英國 Sir Charles Walston，關於新聞之報道曾這樣的警告新聞記者：

News 報道之第一義，一定是要「眞實」(truth)。News 的報道固然是尙迅速，可是與迅速同時來報道眞實的事情，這是比甚麼都重大的義務。有人或要說因爲急於報道，故無吟味推考事實之眞僞的餘暇，可是來報道事實要去描寫「眞實」這件事，可由新聞記者之知力與德義心能得到嚴正之判斷的。所以我說：因爲是望迅速，所以一面是要意識着是否是眞實的。其次就是當着報道

News的時候，吾人應該最注意的事情，是來選擇最感覺的 News 時。固然在去選擇 News 上附了一個嚴然的制限是不可取的事，可是當着與民衆的大多數有很深且直接有影響的 News 之選擇時，新聞記者至少不可忘却了「公共之利益」的觀念才可以。然而往往不顧 Nues 的內的價値，而只拿着那個 Nues 能刺戟讀者之感情的外的價値來批評，遂故意將其內容與標題，使其成爲 Sen-sational的不少「將個人之私的生活，或將國民間的問題過於傾向 Sensational 的時候，這就要墮於誇張事實了；時或墮於混入虛僞的危險。而尤關於個人之私的生活的事件，以挑發舖張的來描寫報道這件事，這只能滿足民衆之病的好奇心以外，與公共的利益一點無所寄與。即令感覺的記事之報道，不亘於私人之誹議，這也不過只可滿足民衆之低級的趣味，且反更能助長趣味之墮落，遂將眞實破壞完了。

Walaton 甚有慨於英國的新聞紙漸次被美國之 Yellow Journalism 所侵食，而提倡『新聞紙的改造』(Reconstruction of Journalism)而對於新聞紙的弊害如何地除去，『眞實』的精神如何地來確立，他說：(一)先得有國家及公共團體對於新聞紙的報道加干涉；(二)促進現代新聞紙加一內部的革新。在這兩點他說：

(一)吾人願擁護公共利益之『眞實』的國家及公共團體來實行干涉。這或要在新聞紙之自由一點上起反對也未可知，固然出版之自由是現代文明之精華，無論拂如何的犧牲也不可不保護這個大原則；因爲這是從封建的專制政治所解放的唯一的戰利品；可是在現代之民本主義上：(一)所謂出版之自由，不是給宣傳不眞實者的特權；(二)現代的新聞紙事業成爲獨占的了，雖說郵政，電報等在其性質上也成了獨占的，可是這是交換個人之『私的情報』的東西，而新聞紙却是運轉關係大多數民衆的『公的情報』的東西。因此從新聞紙事業之性質上說起來：(一)關於刑法之名譽毀損一項應如修正：(二)設立一有効的以法律強制之獨立的機關。第一是關於名譽毀損的條文之不備點應加修正，苟有毀損個人與公共名譽時，報道虛僞事的時節，就直接來處罰新聞紙；且以法律上之手續即刻加一訂正，稍有遲滯時更加處罰。第二是關於名譽毀損之條項外，爲保護公共之利益起見，應設置一『新聞裁判所』("Press Arbitration Court")，其性質完全使其爲司法的，不是和在柏林的那個行政的『新聞局』("Press Bureau")樣的。

第二是新聞紙之內的改造。就是新聞紙之改善決不是只依法律的改正就能得到的，而必從新聞記者之素質上來改善是最緊要的。新聞紙的News雖尙迅速，而有『眞實』的報道是更所必要的。因此更感着新聞記者之科學的訓練最極切實的了。

在美國因爲是『黃色紙』及『商品主義』的本家，特別的熱心來主唱『新聞倫理』之運動，而計劃着在事業(Business)之不受脅威的範圍內來改造新聞紙。同時新聞記者要來確立一個新聞倫理法則，遂於千九百二十三年四月之美國新聞記者大會上曾有如左之「倫理法則」討議可決。玆舉其概要如左：

法　則

新聞紙的天職，是把人的所行，所感，所想之事物傳達於人類的東西。因此新聞紙對於掌理這些事的記者們，要求其能有最廣的理解力，知識，經驗，觀察力，推理力。

爲使美國之新聞紙形成一健全的習慣，與正直之抱負，故制定左記之法則：

（一）責任　新聞紙在關於公衆之福祉問題以外，不受任何人的拘束。因此新聞紙之是否更能奉仕於社會，則只有待爲新聞業者之道德的責任感。若有把新聞紙之自由的立場來爲利己的或爲無價值之目的利用的記者，不能不說他是對於這個高尙的責任的一個不忠實者。

（二）出版之自由　出版之自由，是給人類的一個最大的權利，這是應該守護的。

（三）獨立　對於公衆之利益不可不忠實。於責任以外，一切都是獨立自由的。然而若有幫助背反公衆福祉的一切私的利益時，無論有如何的理由，都是爲忠實的新聞記者所不得認容的。自己雖知道而遠離眞理的評論上之黨派心，這是冒瀆美國新聞紙之大精神的，或於 News 上之黨派心，也是顛覆這個職業之基礎原則的。

（四）誠意　對於讀者之誠意的發露，就是新聞紙的名譽。新聞記者應該常以誠意及考慮，只來揭載眞實正確之記事於紙上。而標題也必須由記事內容的保證才可。

（五）公平無私　新聞之報道與意見之發表，其間應加一區別。而於新聞之報道不許加任何種類的意見，也不應該被好惡之感情所因束而左右其應如何辦理者。惟有記者之署名及其他特別的記事不在此限。

（六）公明正大　新聞紙若不與被告人一辯明的機會，則不能私自發表關係其人之名譽及德性之罪科。爲正當的方法，就是凡百的重大犯罪，於裁判所之查驗以外，應該給被告人一辯明之機會。新聞紙是應和公衆之好奇心完全區別的，若沒有確實的保證，不可濫自傷害私人之權利，感情與名譽。關於事實或意見，自己作了重大的誤謬時，不管其原因之如何，應該迅速完全的來訂正，這是新聞紙的義務也是其特權。

（七）嚴正　在一方既公言高尚的道德志操，而新聞紙苟有教唆卑劣行爲的記事，譬如詳細描寫犯罪或不德行爲的，這就不能不來非難其新聞紙之不誠意；而其發行，很明顯的對於公益——不是以社會奉仕爲目的的。

在這個新聞記者大會上，哈定大總統的演說是極應重視的；哈定大總統關於「倫理法則」之實行述之如次：

今日的美國新聞紙是要求倫理法則的實行。實際地近來之新聞紙過於帶了惑亂的傾向了。紙面上所揭載關於挑發的不德行爲之記事過於多了，這誠是遺憾千萬的事。假若使我來起草「新聞倫理法則」的時候，我一定要作出凡關於有警戒社會之必要時以外，一切的不德事實之報道，都禁止揭載，而作出一個完全與警察無關的新聞紙法則出來也未可知。其次於千九百二十三年四月，於哈得郝到所開的 Connecticut 州新聞記者協會春季總會上所決定的「新聞倫理法則」如左：

倫理法則

吾人確信新聞業爲名譽之職業，且亦爲奉仕國家之機關，故爲支配本協會會員之從業方針，制定左記之倫理法則。

(一)爲提高新聞業之標準，作最善之努力：其他之競爭紙使其學習吾人之例爲賢明，有利，且爲導其幸福之所以，以此精神，使吾人之新聞紙向上。

(二)對於不以正義及道德之最高觀念爲基礎者，沒有加助力的必要。

(三)州法及國法之權威，應於新聞欄，論說欄擁護之。

（四）自其他出版物所轉載之記事材料，應查其出處。
（五）對同時代之新聞紙或新聞記者，不可於新聞欄或論說欄批難之。
（六）用一切的適法手段，防止插入新聞欄之廣告增大之弊。
（七）調查一切請求揭載的疑問廣告，易招誤解的或是不誠實的及違法的廣告應謝絕之。
（八）凡爲本協會會員，必有完成負於吾人一切的義務之決心。
（九）本協會員應躬行此倫理法則。
於Oregon州之新聞記者協會也議決採用「阿利根倫理法則」，其要領如次：

序　言

不論一切之藝術及科學，即由選擇所行的一切的行動，也是何等之善爲目的的。——亞里士多德（Aristotle）

吾人確信此大倫理學者，以幸福與安寧的普通狀態乃貫於全世界無處不可實現之教義，而亦確信此狀態爲社會重要的窮極目的。

誠實‧眞實

在一切的媒介物之中，最廣傳播的，且最有力的東西是印刷出來的語言。印刷出來的語言是在吾人之職業中唯一的工具，其能力範圍在形成民衆之思想與行爲之點上是無限的。所以 Journalism（新聞紙業）之道義的責任，是在職業上一切的責任中之最大的，吾人敢於此聲明；且吾人之境遇是正當的，合理的，而至究極亦願負此責任。

故吾人爲吾人之指導原理，而採用如次之原理；此名之爲 Journalism 的「呵利根倫理法則。」新聞紙業的道德的根基是誠實；因爲誠實的 Jour-nalist（新聞記者）其思想或其所寫的東西同樣是要誠實的。只有眞實態度的有無，才可分出道義的記者與不然的記者。一切的記事，要不錯誤的寫來，恐怕是很難的一件事，然而作爲的錯誤是總可避免的。

注意·能力·完全

Jour alism的不正確，若說其由來於態度之頑固，大抵甯是基因缺少用心，所以不用意的人，作醫生或機關手或可，而無爲一個新聞記者的資格。吾人亦認爲Journalism是必精密精通的一種職業，此故爲此法則之第二，就是——由研究，搜查，觀察，吾人不斷地志望吾人的向上，於是吾人所寫的一層可加信憑，視野一層可廣，愈能盡力於社會的善美。吾人所從事的職業，不但應有道義的態度，而爲實行理想之合理的準繩也是極重要的。吾人於事實之敍述，意見之發表上應特加注意。

正義·慈悲·親切

在美國新聞紙路自由，無論於憲法，條例，及慣習上較其他何國都大。這個自由是爲我新聞紙而存，所確保全美國民之自由的。雖然新聞紙的自由，時有侵害團體或個人權利的放肆行爲，可是人的名譽是不可輕輕毀損的。法則之第三，是不可對團體或個人作發私怨的不當攻擊。慈悲與親切是無論在任何的 Journalism 中當然應加考慮的東西，所以把這個也作爲法規之一條。因此若因隱蔽而可確保公共或社會的利益時，就隱蔽之，可是在這種時候，完全是爲公共或社會的利益，決不可爲個人的或商業的利益而隱蔽。

中庸・調整

公衆因爲是要從記者得到形成意見的重要材料，所以其重視材料是很明白的事。可是比訴與理智而訴與情熱的記者之記事，其難保事之公正，故其材料動輒要失正鵠；可說這是不正，同時也是此故意的炫惑還有害。本法則規定次條，以對拈所謂 Sensational（感覺的）的記事；就是吾人若寫記事或社論，若與讀者的心裏將加錯誤的斷定時，吾人鑑其結果而愼於提筆。吾人於記事及紙面之一切的部分，持中庸與堅固之心努力。

公衆若能信賴新聞記者之能力，愈能信憑其主旨時，在信賴新聞紙的社會裏，就必來要求 Journalism 的完全智的自由。所以吾人在如何的部面中，也要來反對外部的制約。吾人關於記事及紙面應超越團體與黨派心；爲防止宣傳之禍的最善策，除了特別的時候，不許揭載編輯局員以外的人所寫的新聞或論說。

對於公共的服務

吾人否認『買者應加注意』的主義；吾人雖不敢贊成保證廣告，然吾人所寫的，或吾人所印刷的廣告定取確因的態度。吾人關於新聞及社論所採用的，真實及正義的條規，同樣亦願應用於廣告販賣上。

世界的救濟，是只由人類認容健全的實際的論理哲學，而來實行才可成就的。美國這個新聞倫理的法則，要來實行的漸多起來了，吾人對這個美國新聞紙界的『更生』運動，作深甚之注意，而同來歡迎其爲可喜的風潮。在這漸要黃色紙化的日本的大新聞紙，也是來反省的時候了。

三　新聞紙者的職業教育

改善現在新聞記者的素質，更使其地位向上，爲養成這種新聞紙記者，而行職業教育，是最緊急的施設。日本的新聞紙，已有著顯的發展，其經營與製作方法也有是可驚異的進步，然而對於要爲新聞紙記者的給他一個職業教育的機關，一個還沒有。元來今日，對於要爲新聞記者的行職業教育這件事，已經不是可能與可否的問題了，如 School of journalism，或 College of journalism，或 Department of journalism 等等名稱下，新聞紙學已爲獨立的學科而來研究了。

英國從早就在倫敦大學設有 journalism course(新聞學科)，即於其他的大學，Journalism 的研究，也是極盛，可是新聞記者的養成機關，最科學的，最實際的而發達的國家，是英國。美國於千八百六十九年的時候，己經由華盛頓大學(Washington College) 的校長 Robert E Lee有鑑青年學生欲伸志於印刷業或新聞紙事業，必講求實際的施設，所以在學校評議員會上，提議關于職業教育施設設置一件，而得同意，於是於同年六月，借華盛頓拉法提印刷公司的工場，收容定數的學生開始了印刷及關于新聞紙製作的實習。當時一般，不但不歡迎華頓盛大學的新聞記者的職業教育，即在一流新聞記者間，也作『誰能爲教授』，或『新聞學校這種東西，能成立的麼』的評論。可是 Lee 校長爲實在現 其對于新聞紙的理想，一切的毀譽褒貶不顧，益竭力也研究的工夫。與 Lee校長的施設大表同情的人，只有『New -ork Tribune』紙的賴特氏。他方說爲新聞記者的職業教育的必要，特別關紐約大學，作關于新聞紙的科學的講演，更倡確立養成新聞記者的急務，而努力於喚起世上注意。

新聞紙教育的運漸動，康乃爾大學長的 Andrew D. White 也開始唱道關于新聞紙學科目教授之必要，於千八百七十五年五月二十九日 Whate 博士寄紐約某新聞記者之信中，曾說：

我願在大學中，使爲一職業而將從事於新聞紙的，設立一關於新聞紙的一般的及特別的學科。

White博士爲其實行法，先於大學設一印刷所，教以關于印刷實際知識的大意，與新聞紙經營之理論，然博士未至實行遂止。後於千八百八十年『Philadelphia Times』的Eugene M. Camp氏，關于新聞紙徵求當時主要的新聞記者與發行者的意見，在多數的囘答中，都說新聞記者也必像醫生及律師樣的有施行職業教育之必要，這與Lee校長在華盛頓大學設立新聞科的時代相比，卽於記者之間也有意見之變化了。Camp氏於是就勸Pennsylhania大學設施新聞學科，竟至實現了。所以Pennsylhania大學是新聞教育之著先鞭的。同大學卽招『Chicago Tribune』的記者Joseph F Johnson擔任新聞學科，Johnson氏不稱爲School of jonrnalism而附以Cogrses in Jonrnalism之名稱，使進新聞社立刻卽有用之訓練爲主眼，以定教授之方針。其新聞學科之內容作成如次：

（一）新聞紙之原稿實習——新聞之寫法，原稿之校對，論說的看法。

(二)時事問題之研究——研究當日之問題及討論，捉當時之問題寫論說。

(三)新聞紙之歷史——此學科特請講師講演新聞史之沿革。

(四)新聞紙製作術——在此學科教授編輯方面之習得，及論說記者，外勤記者之作用等。

其次於密其干大學，Pennsyluania 大學，開始同一之新聞學科，而爲實習特發刊學校新聞。更於千八百九十六年 Missouri 新聞協會，勸告州立大學設立關於新聞紙的教育施設，至千九百九年，於州立大學內也開始新聞學校，校長 W Williams 氏就任，他於千九百九百五月出席 Missouri 新聞協會，發表新聞教育之內容。此時 Williams 氏開始專門的使用『School of Jonrnalism』一語。威廉士所發表的意見大要如次：

在新聞學校所教授的學科目，是新聞紙發達史，新聞紙原理，新聞論理，新聞社行政，紐斯之蒐集及其報道，論說之寫法，通信文之寫法，新聞紙法，比較新聞紙，新聞紙製作等。網羅關于新聞紙之原理及實際，此外更教授爲新聞記者所最必要的外國歷史，英文學，社會學，經濟學，政治學，心理學等。Missouri 大學的新聞學校的特色，即在其加有新聞紙製作之實驗科。新聞學校的修學年限是四學年，對于畢業者授與「Bachelor of science in Journalism」之稱號。於是凡修了 Missouri 大學新聞學校的課程的男女學生，較無此訓練的人，更可就高大的任務。

爾來 Missouri 大學隨新聞紙諸科學之發達，學科目又追加幾多之新學科。與 Missouri 殆同時於西雅特的華盛頓大學有『The Deparment of Journalism』之創設，隨於乾薩斯，英的亞納之各西部諸州之州大學，競設新聞學科或新學部。在東部於千九百四年 Joseph Pulitzer 於哥倫比亞大學開設『Coll-age of Journalism』一科，以圖養成爲一個新聞記者有人格的人物這是西部諸州的新聞紙教育，大體是要來養成有能的 RePorter（訪員）而哥倫比亞大學是要作出有能的 Editor（編緝）。與哥倫比亞相前後紐約大學也開始新聞紙專門教育。千九百四年五月哈佛大學總長 Charles William Elliot 博士關於養成新聞記者所必要的學科目，而公如左之意見。

(一)新聞社行政——新聞社之組織，發行者之任務，新聞社財政——內地及外國之通信網組織。

(二)新聞紙製作——印刷機械學，Ink(墨水)研究，紙之研究，Electro-typing Stero-typing 的作用，編輯術，植字，拼版，活字鑄造機械，校對。

(三)新聞紙法理——著作權，誹毀罪，出版法，以正當之手續而報道的新聞紙之權利及義務，發行者，編輯人，論說記者，外勤記者，寄稿家等之責任。

(四)新聞紙之倫理——新聞記者對之公衆的責任之意義，關聯着出版之自由之發行者，編輯人，論說記者，外勤記者之注意。

(五)新聞紙之用語及文法——新聞紙之慣用語，句點，省略，裝釘，typegrapby 其他。

(六)新聞紙實習——紐斯的報道，News Letters 及 Editorial 的寫法，段節的寫法。

(七)關係重要科目——現代史，政治學，經濟學，地理學，財政學。

Elliot 博士於新聞科之中，更加新聞紙的經營學一門。

如上所述，各大學各新聞紙學之專門教育，一方更欲使從事於新聞紙之實務的新聞記者，精深其知識，於西部諸大學設有短期講習 (Short time course)，普通稱之爲「NewsPaper week」。這個新聞週是各州的新聞記者集到主催大學來，從著名的新聞紙及雜誌的發行者，或是新聞記者聽他們的經驗談，或作編輯上之實際的意見交換討論，以收切磋琢磨之効。此外華盛頓，密西干，乾薩斯，威士康新，密早里各大學都開新聞記者大會以審議編輯，營業與其他關於新聞紙一切的改善事項。今日一般的新聞教育，更形分化，於州立大學中設有「農業新聞學科」，紐約大學設有關於『雜誌』及『商業新聞』之編輯製作的諸學科。於千九百十八年以來，在美國設立新聞科或新聞學部或並設新聞學校者，其數不勝枚舉。

對於要作新聞記者的，給與一最善之職業教育的必要已不待言，可是我的意見，應該在中等程度的學校，給與一個『所謂新聞紙者是什麼東西』的觀念。在日本不但不教給新聞記事的寫法，甚至於也不教給如何的讀法。而且在最無謀的教育家中，尙有『新聞紙是於學生有害的東西』的謬想。這些教育家大體的是：

(一)教育家缺乏關於現代新聞紙的知識。

(二)以爲學生將自新聞紙受惡感化。

(三)教育家自身，關於新聞紙之論說或記事的寫法未受過適當的教養。

這樣一看，現在就着手教授新聞紙教育於中等學校，恐是一件難事，可是在師範學校或中學校，在作文教授的時間中，教給新聞記事的寫法，養成紐斯的創造，及對於事物養成一精確的觀察力，這定可使流入美文麗句的模倣，把從來束縛着的作文教授方法、使其失動起來而加強學生之感興。

大學或於專門學校的新紙紙教育，雖可爲職業教育之一而教授之，可是在中等學校，尤其於師範學校等，可作作文教授方法之一而行之。教作文的教員，應存如次之心得：

(一)使學生增長其於作文的嗜好心，養成其能寫的力量。

(A)這樣可使學生，自然要多讀，多聞，多見。(B)所讀所聞所見的，要生來寫的心。(C)自己所寫的東西，不但要報道給讀者，且也想着來左右讀者的心。(D)學生不單只是要來使先生滿足，且更要來使公衆滿足，而苦心其表現方法。(E)可增大其對於別的文章的批判力。(F)要來評價思想的價值(G)於新聞之蒐集與敍述，要來發揮獨創力。(H)對於印刷知識加深。

(二)可使學生的觀察力增大。

(A)精確地來理解一切的事物(B)對事物能抱善良的觀念(C)從新聞紙的記事，進而對於高尙的文學要起憧憬心。

(三)教給學生，新聞紙是指導公衆的公共機關；並教新聞紙發達史之重要點，且授學生來分類，選擇新聞紙的種類知識。

在中等學校，當授新聞紙教育時，教員不可存於此學生之中，必養成新聞紙者的心。然也不必妨止要爲新聞記者的。要之，對於新聞紙當與一正當的觀念爲主眼。

關可新聞紙教授的方法，今將 Charles Dillon 的方法，少綜合點我的意見，如左：

(一)關於新聞紙的實習——從大都市的月刊新聞紙中，或稱爲大新聞記者，或從工業，商業，農業的雜誌中，將特別的記事，或重要的問題試問學生。

其次使學生注目於其事中所含之根本事是什麼東西，使其考察，爲甚麼這些事實，要來記載。有時或來分解記者的報道，若於記事中發見了特殊語的時候，使學生記於雜記簿上，當學生寫記事時，務使其利用比語。採用於日刊新聞紙中最高的爲研究紙。務使學生避免不寫俗惡傾向的東西。

要施行新聞紙 教育的學級，特倣新聞社之二大部門的編輯部與營業部兩部。兩部應有部長，部長可由學生互選，或由全學校內的一般投票，或依賴校友中適當的人物也可。兩部的組織旣成，部長已定，部長與教員協議決定兩部的 Staff（部員），且決定部員之擔當。學校新聞的名稱，不可用與雜誌的名稱易相混同的。關於學校新聞的發行，必與當地的新聞社相協力。(一)地方的新聞紙有空的時候，借來機械，而學校新聞學生自來印刷也是方法之一，(二)與地方新聞紙，特聞設一『學校版』，也是方案之一。(三)或於某新聞紙的某頁，作一『特別欄』也是一個方法。新聞學級爲研究起見。一週必開二三回的會合，關於學校新聞紙，請求教員的講評，或特請新聞記者來講演。

（二）新聞學級之設備——中等學校來要施行新聞紙的教育，多少不得不作設備。在可能的範圍內，務設一特別的教室為新聞紙學級的學生，教室內椅子的配置，也應模擬新聞社的編輯室的椅子。當然要設電話；電話簿，人名錄，職員錄，地圖，與各社的新聞紙也得全備。

（三）營業部之任務——要來最有利的經營新聞紙，新聞紙的財政的三分之二是不得不仰給於廣告收入。學校新聞雖不是營業的，可是新聞學級既設了營業科，就來像營業樣的經營，也是極有興味的事。營業部擔任者，應從學生及校友中募集豫約購讀者，且作成一個完全的購讀者表。只由購讀者進來的收入，到底不能與紙費，及印刷費相償，所以若能載廣告也好。廣告的種類，務求這是與學校，學生有關係之營業的。廣告料金，是可以發行部數為標準，在能償新聞紙經費之三分之二的程度，來算出也可以。或與地方的廣告代理店特約也好。來販賣學校新聞，營業部長得部員或學生中之同情者的後援，在校內適當的地點批賣，或托學校附近的書店或文房具店販賣也可。再若是學校新聞陷於維持困難的時候，可仰校友中的捐助，或學校的補助。

（四）新聞紙製作之心得——（A）紙面之體裁，是必先來考慮記事之輕重，插畫之配置，活字大小等的調和，以與讀者一快感。（B）廣告之配置，也與新聞紙之體裁關係頗大，所以新聞學科的教員及學生，不可漫然委之印刷職工，應自來注意編輯；而愼用不愉快的活字。（C）標題的加法，與原稿之校閱，自他都來作。（D）在學校方面先應注意什麼是「新聞」，而行學校新聞之選擇，决不可模倣一般的新新聞紙來報道政治及社會兩部的新聞。（E）訪問之方法也必使其會得（F）使其寫論說也與報道紐斯同爲重要之點。而此點也務避政治論，務使其關於學校內的事件，或教育上的問題來自由的論評，爲參考的使其讀一流的新聞紙。

最近在日本的官私立大學中，發行學校新聞的傾向漸漸增加了，可是差不多的往往好沒却了學校新聞的本旨。固然於敍上所述的，不過只是希望在中等學校作新聞紙教授的時候，這樣作是最善的方法罷的一種暗示而已。可是這些大體方針，在未設新聞學部而只發行學校新聞的日本的「大學新聞」，關於論說及報道新聞，也可作爲參考而加一採用的。

要之，新聞記者職業的地位保證，是必待新聞記者的職業教育之完備以完成。因爲這樣作的時候，他的地位自然可以同上，自然可成爲獨定的東西了。

四　新聞記者職業地位之成立

新聞記者不論其爲論說記者或外勤記者，從新聞紙的公共的性質看來，都是有教育公衆之任務：從營業的性質看來，是來製造爲商品的紐斯而提供與讀者。可是己如前述，這個紐斯的商品，與其他營利事業的商品，是完全異其性質；這是決不可離開『公共之利益』的。那末，爲這些紐斯的報道者，及來分解批評這些紐斯之論說記者的地位，是與法律家，醫師，教育家等同爲極重要的人，同居社會安寧的要職。然而國家對於法律家，醫師，教育家等，於其職業的地位上雖附有一定的資格，可是對於新聞記者，一直到今日關於什麼資格的事還沒有規定。

一直到今日，新聞記者從『新聞紙之自由』的立場上，由官憲附一種什麼樣的資格的事，是連夢也未曾做的，且是至終願爲自由職業，而要求自由放任。其結果雖是往往受生活爲之威，可是也不去要求地位與生活之保證。現代新聞紙及到了抱投資的觀念的資本家來經營的了，而新聞記者還是不如律師及醫師樣的，獲得一個獨立的職業地位，不過和工場的被雇者樣的地位。然而資本主義弊害的一部分，也侵入新聞紙界，遂使新聞記者的獨立與理想沒滅而所謂『勞働者商品也』的話，也於新聞記者可適用了。這種所謂被雇者的氣質，把新聞記者的倫理觀念沒滅，其實任與自覺也被麻痺了。新聞記者從過去的放縱生活中，將有墮落於商品生活的傾向。現代新聞紙的缺陷，及到了這是從新聞記者的職業的精神之危機中所釀成的以後，國家或社會對於新聞紙者也應附以某種之資格的議論生出來了。可是新聞記者的資格，也像法律家或醫師樣的用國家的法律來附與的時候，這是斷然應加排斥的。而爲救濟之第一方策，是獎勵設置一定的新聞記者養成機關，以自行設定新聞記者之職業的地位。新聞社對于修了一定新聞紙學科，或於新聞學校之卒業者採用之，新聞這對于己於學校有訓練，與有十分的準備與能率的新聞記者，應於待遇上大加改善，且進而應保證其地位。

關於新聞記者之資格設定，於千九百十四年五月十日，美國州立乾薩斯（Kansas）大學的新聞學部開催一最饒興味的會議，名爲National Journalism conference。在同會議上Illinois州的副知事呵哈拉氏，關於『如何地從不精確的記事中來保獲公衆』一事，提出左記之質問案。

（一）國家因公衆之尊敬醫師及法律家（A）也來規定要入新聞紙界的資格，驅逐無訓練及放縱的人物。（B）設立監督局處理關於新聞紙不平的事體，更發揮新聞記者之職業的特質。

（二）新聞紙界應該先審查要作新聞記者的人物，而自來保護。

此質問案，於同會議上，大爲議論之中心，第一項雖從出版自由之見地上大被攻擊：阿哈拉副知事更於 Illinois 州會同提出新聞記者之免許法案。阿氏從自己爲一個新聞記者之經驗，認爲新聞記者也應如律師及醫師同樣在職業上必有免許狀，所以要要設立一個州新聞局，專管職業的作新聞記者的免許狀之發行及取消。免許狀之內容：

（一）呈請者只限已達法定年齡者。

（一）中等教育或與此同等之課程修了者。

（一）一定之新聞專門學校二年修了者，或與此有同一期間，爲見習記事在勤於新聞社者。

(一)持有州新聞局認爲品性善良者。

(一)州新聞局所施行之定斯試驗之作文合格者。

若依以上的案，請求免許狀的人：必先達法定年齡，High school 的卒業證書，或新聞專門學校二年的修業證書，或爲新聞社之見習記者之證明書，及新聞局之善行證明書等，正式提出於新聞局方可。使用見習記者的新聞社，其所寫的原稿在未交編輯的手以前，必先請有免許狀的新聞記者之檢閱。作見習二年的實地經驗，受州新聞局的試驗，合格者可得免許爲新聞記者的資格。依呵哈拉副知事之案，於取消免許狀的時候如左：

(一)同業者間，判定他曾爲重罪犯的時候，自失免許狀之効力。

(二)由同業者之陪審官審理之結果，判決其有故意揭載虛報，撥弄誹謗之筆墨，故意着色記事，受賄，其他瀆職背任等不法行爲時，取消其免許狀。

就是作取消免許狀之處狀之處罰時，是課於故意揭載虛報，或交虛僞以作人身攻擊，或報道淫猥之記事的。呵哈拉說：新聞紙法雖可處罰這些犯罪，可是免許狀制度，是可積極的來防止新聞記者之無責任的言動。呵哈拉的這個提案，在州會上，因其有侵害憲法上所保障的出版之自由，遭遇非常的反對而否決了。

決定新聞記者之職業的地位，更使其向上爲目的所發達的一個制度，是英國的「英國新聞記者會院」"Institute of Journalism of Great Britain"。然於近年青年新聞記者所組織之「新聞記者國民協會」"National Associaton of Journalism"大著活動。英國新聞記者會院是由維多利亞女王之勅許狀所設立的。會院的目的之概要：

(一)要爲會院之會員候補者的資格，試驗其實際與理論而定之，會院自定其試驗方法。

(一)會院對於職業爲新聞記者的資格，努力向上改善之。

（一）會院調查關聯新聞記者之職業上諸般的法律及實務。

（一）會院對於作會員的新聞記者，調查蒐集關於職務上的必要事項，且發表之以供參考。

（一）監視有影響新聞記者的解職法案之出現，在必要的時候，爲新聞記者的利益，努力於法案之修正。

（一）會院是會員間，或會員之就職希望者與新聞記者希望者間，作連絡介紹之機關。

（一）會院爲圖會員間之親睦，關於新聞記者之職業上之諸問題，召集應加討議之會議及集會。新聞記者名簿及會員登錄簿，隨時訂正且發行，與新聞記者有利害關係之事件及手續記錄之。

（一）會院設立會員可利用之圖書館。

（一）會員獎勵新聞記者專門雜誌之發行。

(一)會院對於由老年，疾病，死亡及災禍所生之窮困共濟之。

(二)會院於諸般之會議及集會使用之會館所有之。

(三)遍及各方面以期新聞記之發達，且努力為新聞記者樹立一定的職業標準。

(四)會院於可裨益新聞記者及新聞記的事，講求各般之手續。

新聞記者會院既設，不但將英國新聞記者的職業地位安固了，且於一般新聞紙界也現有大革新。醫師及律師的團體，是由一定之資格者來組織的，同樣，要來作新聞記者會院之會員者，關於新聞紙的實際與理論行一種考試的事，這是事非常有益的。此點就在日本也是大可作為參考。

新聞記者會院為會員之共濟，各年徵收十二圓之會費，把這些會費累積起為失業基金，保護基金，孤兒基金等。『失業基金』是會員可十三週間之失業中支給為生活費；『保護基金』是於會員中關於著作權或其他之出版，生起法律問題時，為保護會員之權利而使用之。『孤兒救濟基金』是對於會員中之孤兒支給一定之補助金，直至其能獨立救濟之。「準備基金」是處理會員之老年，不具等之保險；會員若至五十五歲，六十歲，六十五歲之契約滿期時，保險金之支給加上百分之五十支貼加金而支給之，死亡及不具時受領所定之金額。

其次會院之重大事務，是就職註册，介於就職希望者與新聞記者希望者間作仲連之勞。因此會院不但於英本國，即英國各地也設立支部以連絡之，如住於倫敦區域的會院之新聞記者，組織有"Auxiliary Committee of the Institute"，此爲有力的支部之一；婦人記者也別有"Auxiliary Committee for Women Journalists"之設立。新聞記者會院之會議，年年開於英國之大都市，討議關了新聞紙及新聞記者之職業上一切的問題。在英國，爲協議英帝國之新聞記者及新聞關係者之共同政策，而有「帝國新聞會議」"Imprial Press Conference"之開催，此會議爲求英國全體的新聞記者地位的向上，其貢獻於新聞紙發達是決不少的。

以上將國家或社會上關於新聞記者之職業的地位，於歐美各國的機關的實狀，已加說明。近年於日本，新聞社自身對於記者之待遇已加改善，各社都設定新聞記者之最低俸給，及講求勤續社員之優遇法。今試觀二三新聞社之社員待遇法之實例，其概要如此：

(一)國民新聞社　有社員自動的組織與社之發動之兩種組織。前者設有互助會，積蓄起中元及年末的賞與之幾分，應社員之必要時，卽支出之。社之自動的是以退職津貼與恩給制度爲主，因疾病或老衰之故退職者，給薪金的三分之一以上的恩給，或應其希望，爲一次金而支出之。恩給是與勤續十五年以上的人，月薪額之三分之一，直至死止給與之。其人若遺小兒而死亡時，至其兒直達成年時止支給同額之金額。對於犯長期疾病的社員，給與長期間之全俸給。

(二)東京朝日新聞社　社員可作新聞社之股東，且可得利潤之配賦。對於勤勞是於六月，十二月分配賞與。朝日財團是以社長捐助之十萬圓爲基金與各種之捐款累積已達相當之金額；當社員之疾病災害時支出此款。社員之自發的組織有弔慰會，對于同僚之不幸，或家族之死亡與一相當的弔慰金。社與社員，所共同組織的金融機關有共濟組合，社員若有必須金錢的時候，卽應其組合之出金額以低利而得融通。大阪朝日新聞社代共濟組合而有信用組合之設，也有購買組合之設。對于社員之退職津貼也定有內規，支給以圖老後之安全。

大阪每日新聞，東京日日新聞社，制定俸給令，應記者之地位，而決定其俸給額。各社都有退職津貼之內規規定，這可使新聞記者之職業的精神，於青壯年的時期完成其爲新聞記者之天職，並可使記者樂於耐勞苦，生缺掌社會之風。再新聞記者之地位，使其得安全保證，以國家而公布法律的，是奧大利之『新聞記者雇傭契約法。』擧其概要如次：

作新聞紙記事或插繪的事的人必與一定的薪金，進新社作事的人，當其入社時交付記載如次諸條件的契約書。

(一)應擔當的事務。

(一)薪金。

(一)作特別事務的時候支給賞與及實費。

(一)直至六十歲止每五年一次增薪。

(一)每年與一個月的休暇(唯對于十年以上者至少一箇月半的休暇)。

(一)解雇至少以三個月之豫告期間爲之(唯對于五年以上在社的人延長其豫告期間)。

(一)達六十歲的老齡，老朽，其他離職的時候支給恩給。

(一)新聞所有者代換的時候，社主於其後一個月之期間內對于記者可命其退社。此時若其記者爲五年以下勤續者時，支給一年分的退職金，五年以上十年以下勤續者時，支給一年半分，比此更以上在職的，每增五年，增給半年分，關於此支給事，新舊社主連帶負責。

(一)爲廢刊之故解雇記者時，必於六個以前先行豫告。

(一)新聞紙若變其政治上之立場時，記者不但可於一個月內辭職，且如上記社主交代時，可請求同一之退職金。若發生爭議時，以五名之仲裁委員（內二名社主側指名之，他二名記者側指名之，更以此四名之合議指名之一名委員長）所成之仲裁判所裁斷之。若此時裁判所認爲記者對於其社所主張之非難爲無理由者時，以濫訴之故，得科一萬格朗奈以下的罰金。

第四章　雜報與社論

一　外勤記者的任務

新聞紙的目的，已經說過的，第一是報道那天的新聞，第二是叫讀者來明瞭這個新聞的意義，前者之新聞記事之大部分，稱之爲雜報，後者呼之爲社評及論說。

新聞記事之大部分都是由寫雜報的記者所提供來的 News 以充實。這些雜報記者英文稱之爲 Reporter ，或稱之爲「探訪」似乎有點損新聞記者的尊嚴，近來使用這些話的也漸少了，而只稱之爲「記者」了。雜報記者的大多數，都是爲外勤員，在社外之各方面從事活動，外勤員之中，又分爲（一）以中央官廳，政黨，裁判所，公司，銀行等爲中心而蒐集材料的直屬於本社的人們；（二）雖爲本社之外勤記者，因其關係於地方版，所以由駐於地方的支局直轄之；（三）與本社特約通信的

『通報員。』美國的新聞社呼之為"Watch"或"Tipster"者，就是指通報員這一種類的人。這些人較直屬於本社之專任記者，往往提供重要的News來在日本作通信社的記者中，富於長久之政界經驗者，由通信社報道一個『特訊』的時候，一定每一個報紙上都要揭載了，所以他到某一新聞社去而將其『特訊』賣與某一新聞社，因此只有買到的新聞社才有『特訊』的揭載，而且假若這一個『特訊』甚足以使世間驚目而有News價值的，他就可得到相當的謝禮。在英國有呼之為"Free Lance"這一階級之賣原稿的，可看做如日本賣特種的人之一種。而在英國這種Free Lance，有時候要拿來比專任記者還要好的材料來，所以這不許容易而輕視的。只是這個Free Labc一句話，好像多少含着侮蔑的意味。

雜報之專任記者，別之為：(一)政治部，(二)經濟部，(三)外報部，(四)社會部，(五)地方部，(六)寫眞部等。各部的外勤員，都有特定的部署，以擔當他那一方面News的蒐集。在社會部却不就特定之部署，而於社內聽候部長對於不意事件之出勤的外勤員也有。作外勤員的務須蒐集好的材料，快把它寫好了而委托「取原稿」的使用人送至本社。本社的部長校閱完了，交給編輯員的手裏，編輯員是登載送達很早的原稿，所以外勤員看「取原稿」的人來的很遲的時候，他就以電話通知本社，那末，社的聯絡部，就把速記記者叫出來接電話，就速記下來。政治部的外勤員中，擔當內閣的記者是極其多忙的，當着閣議的時候，爲聽其經過而去面會內閣書記官長，要趕晚報的一點三十分的截止版，所以是要一瀉千里的寫原稿。「取原稿」的人等候着寫完了，就一直的乘自行車到本社，到了政治部的主任者的地方，擲出原稿來，政治部的主任者，把雜亂寫的原稿，數分間的訂正一下，附上了大標題，小標題，而送交編輯員。要是外勤記者與內閣書記官長的談話沒得到要領，就等到晚報的截止完了，用電話與政治部之主任者預商關於探查閣議內容的事，立刻從本社就開去汽車，那個外勤員就立刻坐着汽車去訪問認識的閣僚，若是得到了重要的材料，就疾驅汽車而還本社，而與政治部長預商一下就急忙的寫好了原稿。其次就是旣置於官廳的外勤員，去面會某一個官吏而捉到某問題去質問，雖然沒有什麼樣的問題，也沒有什麼樣的事件，不過只是去面會平常親懇的官吏們，來得到適當的材料，寫成原稿。

政治部的外勤員與政治部主任，須不眠不休的活動的事件，是政治變與議會開會中。尤於我國之內閣之更迭，常由特殊之勢力的動變而現出意外之人物，所以政治部記者的活動，實是不容易的一件事，雖然有政黨，然而往往不降大命於政黨之首領去組閣，往往桂公出來了，山本權兵衞現出了，加藤友三郎出馬了，清浦奎吾出來了，像這樣的到底『大命是將降於誰』這件事，眞有全不許外間所可豫測的。一個內閣的總辭職，及至其次的內閣之任式間，有的要半個月之長，所以政治部的外勤員，有的夜裏也不能安眠的去就赤坂御所的看守部署，一日中抱着空肚子的光景。憲政沒有常道之我國的政治記者，是要嘗外國的政治記者所嘗不到的苦心。而和外國的政治記者所不同的是我國的政治記者夜深不睡的毛病，實在是由我國政治家之惡習慣而不得已不如此。內閣書不記官長的面會，夜間十二點過了面會也不要緊的話，記者也一點沒有客氣的就走訪了。有時要面會貴族院的有力的一個人，聽說從早晨六點就出外了，白天不知道是在那裏，來到了晚上八點，才採訪到在赤坂的某待合裏，及至九時又築地的一個待合了。研究會的要人中，在政治季節最忙的時候，有的一天要赴五個宴會的。外勤記者要拿像這樣的人作對方時，非得自己先有覺悟不可，就是過了夜十二點才去訪問等着他回來，而於鐘鳴一時的時候才剛剛得面會。新聞紙的截止時間，普通是在午後十一點三十分，而於起了重大問題的時節，於午後一點左右才截止。所以若在社內的編輯員看起來，一定要說：『某人不守截止的時間』，可是以日本的政治家爲對方來得材料，就是聽見說『超時間人』這樣的壞話，也不得不甘受着。政治外勤員之一樣極忙的事，是於議會中，議會已開了，政治部就紀得總動員起來，而政治部活動的中心，就移到議會裏的新聞社派出所，政治部之主任者移到這裏來辦事，而督勵部員以布萬無遺漏之活動綱。政治部的外勤員中之政黨記者，平常因其擔當之事而能認識政黨員，可是擔任官公廳的外勤員是成了一局部的專任了，而與一般政治相去甚遠，或因其沒有機會與政黨員相識，然而到了議會已開，平常的部署關係全然要變動了，這些平常擔任官公廳的外勤員也不得不到貴衆兩院去，在這種地方這些人可變爲一個政治記者之訓練，且關於政治的實際知識，也漸可諒解了。所以可以說初次爲一個新聞記者的人，進了政治部而受記者的訓練的唯一的機會，實在就是在議會中，在議會中是可得到貴重的經驗。

經濟部的外勤員雖以公司，銀行，交易所等爲中心而活動，可是不像政治部那樣的有深刻的競爭。且其材料的蒐集，也不要很大的苦心，在事情上也不像政治部樣的要不眠不休的緊張。外報部的外勤員是以外交部爲作事的中心地，也應該與大公使館的外國使臣保持密接的關係。若是對外關係發生重大的問題時，這一部的外勤員要和內勤員相連絡的作不眠不休的努力。在新聞紙的報道中，最重要的脚色，是社會部的任務。因此社會部記者的活動範圍，也不得不是種種雜多的。他們有時不得不會見國務大臣去，而有時也不得不和街路上的乞丐談話，所以真能理解新聞記者的職務時，恐怕沒有比社會部的記者再愉快的了，我國從來對於社會部的外勤員，輕侮之爲『三面記者』，（譯者註：日本報紙的社會記事，都是載之於報紙之第三面上。）可是在新聞紙中，最被讀的一面，實在就是這個社會面。去蒐集這些三面記事，以最富於趣味的最容易讀的去寫，這就是社會部記者的事情；這些任務，不能不說是極其重大的。社會部所管理的主要記事。是裁判事件，殺人，交通事故，起火，政治運動，社會運動，以及種種自然界之異象，運動及遊戲等。而近來屬於硬派之諸問題，有來軟寫的風潮。社會部的外勤員，就特定之部署的事，大體是於裁判所，警察廳，宮內省等。其他的多數記者，是留於社內，以備事變之突發。先回曾有過一次重大的事件，新聞社是和警察廳同樣的，就是社會部的外勤員和刑事同樣的到各方面去活動，而探究犯人與事件的眞相來報道，到了近來，警察廳爲搜索犯人之便宜上實行禁止記事，所以社會部外勤員之這方面的活動甚爲減殺了。這事的善惡評論，在此省略不提，惟外勤員對於事件之眞相探究，還必須像刑事樣的得有敏感的想像力與峻烈的觀察力，也必有精確的判斷力。所以從社會部外勤員之任務的實質上看起來，新聞社是應該用不次於其他部門的記者的人物才好，

要之，寫雜報的外勤員的生活，不是悠悠閑閑的。而是繁劇的，且富於 Rhmntie 生活的，像日本的早報和晚報，都是由同一個記者來製作的緣故，外勤員就必像 Film 樣的迴轉地去活動才可以；這個職務是不規則的，不自由的，而不可忽略的。因此爲一個 Rephrter 之第一的條件，是必須能在很長的不規則時間中的健康之所有者才可以，健康不好的人，不管他有怎樣優秀的學識，決不容易在這方面成功的。第二之要件，是人格與品節，外勤員之人格與氣品劣等的，不但是關乎一個新聞社的名譽，實在因爲要去爲一個外勤員而成功，人格與品節之具備，是其

重要要素的。若用惡辣的手段得着了一點新奇的東西，這在一時雖可誇耀，可至最後，終要失敗，因而斷絕爲一個記者的生命了。第三的要件，是接到了種種雜多的問題先要使其適應於自己，而對其問題應該立刻就能有精通的能力才成。原來 Reporter 是和著述家不同的，因爲新聞記者是以今日雖生而明日卽死之刻刻的現象與事實爲其對象的，在其寫這些事實與現象的時候，用不着什麼人工的及修辭學的工夫，而只要從接觸的這個問題迅速地移至那個問題去，而有簡明及急速的寫成的能力才可。就是不但是關於陸軍的記事要來寫，凡主任者所指命的一切問題都須得來探究的寫成才可以。這就是優秀的記者的 Newsinstinct 是很發達的，無論對於什麼瑣碎的事情，他們都能使其富於有 News 價值的來寫。然而所謂 Newsinstinct 者，不是某個人的天才，實在是爲一個記者的經驗與訓練的經歷間所養成的東西。

二　新聞源泉（News Source）

News Source 是無論何『人』與「地」都可爲 Source。而社會事象越形複雜的時候，News Source 也必隨着複雜化了。外勤員的眼前，橫着未知未開的許多之 News Source，而這些 News Source 是可由外勤員之經驗，知力，理解力，想像力來無限地打開。外勤員之愉快，不但是捉到了 News 的愉快而已，當其發見了新 News Source 的時候，也是爲一個新聞記者極有興味的事。

爲 News Source 事象的，是有已被豫期的與偶然的兩種時候。於此，特關於政治部的時候來敍述看。在政治部的 News Ssucre 中，已被豫期的時候，是爲一個「特定的地方」之官廳，與政黨本部，爲一個「特定之人」則有官吏與政治家。然而政治部之新聞蒐集的策動地方，是必隨着「特定地方」與「特定人」之擴大而擴廣其範圍；譬如農商務部若分離爲農林部與商工部的時候，外勤員就得在兩方都配置才可；無產政黨成立了，當然也必有擔當無產政黨之記者的必要了。其次，就是不於『特定之地方』與『特定之人』，完全於偶然的時候，也常有成爲重要的 News Soucre 的。譬如從一個偶然的地方，或一個偶然的人那裏，知道了政友會總裁高橋是清氏辭退了閣僚及總裁之職，或是因知道了犬養毅氏之再退閣僚，政治部遂開始總動員的活動。像這種時候，不過只是某人給了某人一點很少的暗示，或是由其不注意的一句話當中，那個記者因而探聽得一件重大的事件出來。像這樣的事，英美的新聞記者呼之爲"Tik"。就是暗示意，暗通消息的意思。所以若得到了"Tik"了，有能的記者立刻就可寫成很好的記事出來。

進一步講有，能的外勤記者，他們不是僅僅滿足 Neps Soucre 所特定的地方與人的，他是應該由其精力，不斷的去發見開拓新 News Soucre 的。蓋爲今日日本新聞紙界的弊端的東西，是 News 之專門化。擔政黨官廳的記者只限定了一二的特定地方，往往把有能的記者弄成廢人了。因爲這個原故，所以記者可由其各個人的努力，不甘於一二特定的地方或特定的人，而常抱着是到各方面去作事的心。譬如擔當民政黨的記者。自己也應該進而與政友會或是其他的政黨的政治家接頭才好，而不應該自己把 News Soucre 限定了。同樣的若是只把某一個特定的人爲其 News Soucre 的時候，這是把爲一個 NewsPaPer News 的活動範圍縮少了的一件不好的事。美國大總統威爾遜氏，在其極盛的時代，他的御用記者某氏，也揚名爲美國新聞紙界之寵兒，及至威爾遜氏之死去，某氏爲一個新聞記者的名聲，也不知幾時的衰滅了。日本像這樣的例也是不少的。

關於 News Sourec 的配置，有兩種時候：第一是往特定的地方去的「擔當」，在英文即所謂"Runs"這個字；這就是指擔任"regular Soucres"這種人的。平素政治部員擔當的部門是如左記之諸地方：

內閣（首相官邸），外務省，內務省大藏省（財政部），文部省（教育部），司法省，陸軍省，海軍省，農林省，商工省，遞信省（交通部），鐵道省，拓殖局，市役所(市政廳)，民政黨本部，政友會本部，同交會事務所，新正俱樂部事務所，研究會事務所，幸俱樂部事務所。(把外務省也有屬於外報部的，把鐵道省也有屬於經濟部的)。

第二種時候，是由部長的命令而往特別方面去活動的，英美的新聞社呼之爲"Assignments"的，這是外勤記者最應該緊張去活動的時候。譬如入江侍從長往與津去訪問西園寺公的時候，西園寺公是要奏薦那一個人爲後繼首相這件事，這必須到車中去訪問入江侍從長，而自己來推斷。爲一個新聞記者這實在是一件不容易的大事。這若是在社會部的時候，那末當皇孫要降誕的時節，社會部長就把平生所擔當的職務暫且擱下而與外勤員一特別的命令，關於此事，使數名擔任材料之蒐集。所以才呼這個爲"Specirl assighmeet"。日本把這個是指「依賴特別的事件」的時候說的。

日本把俱樂部看作爲 News Soucre 樣的。因爲這個原故，外勤員到處就組織了俱樂部。這是在外勤員所擔當的官公廳，銀行，公司等借得一室，設備上電話使其成爲與本社相連絡的地方。在今日各方面的記者俱樂部數如次：

永田俱樂部，內閣記者會，（以上首相官邸）；坂下俱樂部，（宮內省）；霞俱樂部外政會（以上外務省）；竹橋俱樂部，一橋會，文部記者會（以上文部省）；妥女俱樂部，瑞穗俱樂部，（以上商工省及農林省）；大手俱樂部，內政研究會，內革俱樂部，（以上內務省）；社會研究會，（社會局），遞信記者俱樂部，（遞信省）；財政會，（大藏省）；司法俱樂部，（大審院）；木曜會，（鐵道研究會，（以上鐵道省）；辛酉俱樂部，（陸軍省）；黑潮會，（海軍省）；自治研究會，都政記者會，（以上市役所）；櫻田會，（民政黨本部）；十日會，（政友會本部）；日比谷記者會，（警視廳）；茜俱樂部，（憲兵司令部）；經濟記者俱樂部，經濟研究會，（以上商業會議所）；十八日會（協調會館內）；金融同志會，（日本銀行內）；航運研究會，（日本郵船會社內）；瑞穗會，（商業通信社內）：東京飛行記者俱樂部，漫畫記者團，東京 Snak 俱樂部，（國際情報寫信部內）。

以上諸俱樂部，各新聞社的外勤員都加入，這些俱樂部，對於怠惰的記者，是沒有比這再方便的 News Source 的所在處了，可是對於有能精勵的記者也沒有比這再拘束自由的一種制度的。俱樂部室若能使其與本社的連絡室有効用也可以，可是這常常是準備了圍碁，將棋等的遊戲品而終日在那裏過，俱樂部員所得的材料有寫的全成一樣的。故在今日的俱樂部制度，可說無論對於新聞社或是對於外勤員都爲有害無益的東西，這往往使新進氣銳的外勤員作了墮落的地方，新聞界之革新也必從這方面來實行。

三　訪問（Interviews）

蒐集新聞的主要手段是訪問"Interviews"。所謂訪問者是訪問入去而從其談話中提到了某一種事實（fact）來寫記事之謂。日本稱之爲「會見」，可在普通都說Interviews。

訪問是有兩種類的，其一是正式訪問"Formal Interviewing"其二是略式訪問"Informal Interviewiyg"。所謂正式訪問者，是關於某一問題，外勤員去訪問某一問題最熟知的人去，或是與某一問題有深切之關係者去，而從那個人處得到了他的意見或其 Staetmeot。然後同將那個人的名字揭載於新聞紙上。然而在新聞紙上往往看見「某政客談」，或「某有力者談」，最甚的是以「某消息通談」的名義揭載談話記事；像這樣的在新聞紙倫理上講起來是一件大不好的事，外勤員不可常寫像這種無責任的訪問記事。英文叫做一類的記事爲"Blind Interview"，或稱之爲無責任的 Interview。新聞紙常載這種無匿名的談話是大應戒絕的，所謂略式訪問者，是比方有起火的事情，外勤員受部長的命令趕往出火處，及到了看見已經燃燒兩三家將要熄滅的時候了，外勤員這時就得不論認識與否，有否關係的探問附近來往的人們。問這被燒的家是作什麼賣買的？有否死傷？起火原因大概爲何？等等的話。在這種時候外勤記者不論其人如何、是否相識，只能從其人聽到關于此事，就是來寫這個起火記事，無論聞自何人只要能到了材料就可以。而這個記事是從幾個人的談話中捉到了事實綜合起來寫成的。大多的新聞紙記事，都由這個略式訪問寫成的。所以略式訪問，是新雜多的人中所得來的諸事實之綜合的表現而寫成的紙事，反之正式訪問者是新聞紙應揭出其人之姓名之個人的表現。

外勤記者將去訪問人的時候，第一先不可忘者，是先來研究將要訪問之對方人物爲何。如去訪問已經相識的人物時，雖然沒有什麼失敗也未可知，可是初次去訪問某人的時候，是先要看看某人是不能答覆自己所質問的事件，或是某人是否能叫自己聽到自己願意聽的事情。所以去訪問某人時，務要使着某人能談起自己所正要來打聽的。這是最要緊的事。而初爲新聞紙的記人，更是要先來研究對方的人物是怎樣，常注意我說問題以外的話題出來以備談起，而不要以爲會了面一定就必說甚麼了。第二是常要預備些話以備質問；若是遇見一個對方少質問他一下，就滔滔數千言的說起來那倒極好的事，可是遇見對方是一個沉默家的時候就很難得要領了。而且在初次會面的時候，無論什麼樣的人，都是客氣的不多說話的原故，所以要去質問，必須先作好了這件事那件事樣的質問項目以備質問。第三是務必看着對方的眼色。去訪問人不要亂看對方的東西，如桌上的書類或是其他的東西，而務須注意對方的眼色。因為凝視眼色的時候，對方也一定想你是在聽着他的話，而記者方面也可以知道對方是否真實的來說，且想由 Inteluiew 而探究出或一種 faat 的時候，老練的新者是可由其眼色的動作得到判斷。第四是要整齊外觀，蓬頭垢面是最應忌諱的。外勤記者，雖不必要什麼高價的服裝，可是總須弄得一個瀟灑樣的風采，使對方有個好感。當方對方信賴這個大新聞社而來會見，若是紙者作一個很不注意的樣子會那個人的時節，或者對方不願意愉快的將其願意要說的說出來也未可知。所以給一個惡印象是最不好的一件事。第五是嚴守約會。若是已經先用電話或是書信把面會日與時間約會好了的時候，到了時候必須指定的時間赴去才好。談話中若是對方說這個地方不要寫出，就該守着對方的話把那一部分不寫成記事。初爲新聞記者的人。往往拿爲有趣樣的把對方所不願叫寫出的東西寫出，這遂將自己的信用失墜了，而且這不單是那個外勤記者一人的信用失墜，這也有關新聞社的名譽，所以這應該加十分注意。去訪問的時候，常要存着由這第一回的會見，將來還有會見之緣的心，萬不要起了這一回就止了的心。從著的經驗說來，還有幾多應注意之點，可是其中如敍上的諸點，我信是最要緊的。

四　社論的傾向

新聞紙自其尊重報道與廣告以來，對於社論很有輕視的樣子了。然而新聞紙是必須報道與論說兩者都完全具備才可，所以我不敢贊成世間一部人所說的論說不必要論。所謂論說不必要論這一派的人們說：

（一）現代的讀者不願意聽 Okinion（意見）；只要報道給他紐斯了，他們由這個能造出自己的意見出來。

（二）在這樣煩忙的社會中，沒有讀論說的閑餘，這不過是老人與青年才讀的東西。

（三）記者的獨斷的見解，一點也沒有左右讀者的意思的力量。新聞紙的社論，是代表輿論之說是虛僞的。

（四）今日之讀者，是可由新聞紙的報道，而知道該新聞紙之對社會的態度，而不是讀他的社論，以知曉其新聞紙的方針。

要之，論說（Editorial）已失其昔日之勢力這件事是事實的。報道的樣式，雖有日新月異的發達，可是論說的寫法，仍是十年如一日的沒有什麼進步。這不是讀者對於論說失了信用，這實在是論說的寫法仍是舊態依然曾未有進步的結果。爲論說無用論之根抵思想的東西，就是說報道樣式進步了，讀者比讀論說還多讀報道，而思想感情也多由報道所左右了。其次，這些論說之所以不被重視原故，因爲寫論說的記者自身，多是保守的，且有忘沒世間的氣質。所以就在新聞社裏面，論說記者自己爲是唯我獨尊的，而把其他的人輕蔑之爲雜報記者。因此，論說衰微之一因，又不得不歸罪於記者自身。

像以上說的這些傾向，不但是在歐美，就是在日本，也是共通的現象。而於歐美大戰以來，歐美新聞界之論說欄，着着改美，已挽回其勢力了。當着歐洲大戰的時候，歐美諸國的新聞紙讀者，不能但但滿足新聞而已，處此國難的時候，直面於此紛糾的時局中，他們極望一明確的說明。因此他們就很願意知道某新聞紙對此問題述有如何的意見，或是某新聞紙對於這個事件是如何地來批評，像這樣的思想勃興起來了。被這一般的要求所刺戟，新聞紙的論說欄，得到了新的生命而更生。故於大戰中歐美有力新聞紙的論說，成了一個有獨立有權威的意見及說明了。在今日謂論說無用論之說，完全失其勢力了。

日本對於新聞紙之社論，還有唱不必要論的人，也有新聞社自身虐待其社論的，然在大體的傾向上看起來是起趨於重要社論的風潮了。卽社會上也注意了新聞紙的社論來了。固然一方面也因爲論說的寫法及其樣式，都大行改善了的原故。

報道不過單是赤裸裸的事實(fact)的敍述。然而論說者，以報道爲基礎，而對於公衆行忠告或說明的東西。所以報道一點也不要加修辭的工夫，可是有權威之新聞紙的社論，是不可忘了應該有莊重之論調的。一般的講起來這是務必選取簡潔而清新的寫法，而應避免過於技巧的修辭。要使社論最有効地印象於讀者之心理中，是對於或一個問題，不是只來寫自己所想的事，而應該攷慮看看公衆是願意聽甚麼？大多數的讀者，如何地來寫才能使其讀後攝引住大多數的人們若是不抱着很有興味的來讀論說，那末論說是一點功用也沒有 因爲社論沒有惹起讀者的注意價值，所以才生了不必要論者了。

而尤以論說的題目，常有偏重於政治，外交，經濟的事是不好的。論說之又一倜羨漸的原因，就是因爲這是成了政論家之一家言的獨壇場了。因此，論說的題目，是應該和報道的範圍一樣的，來展開擴廣至社會凡百的事象中，將此凡百事象以通俗化的來寫，這是非常要緊的。社論之更生的生命，實在就在其通俗化(Popularije)處。現在揭出新聞紙社論之 Poularje 的二三個例子，以作參考。

天氣豫報

不可只信賴政府

日本的天氣豫報，差不多常好算不準，因此動輒就有發輕視氣象台測候所的劾用之言的人。無論如何，今日之氣象學，還是在發達之中途，比較的還是很幼稚的科學：大氣中的現象，還有不得說明的是決不少的。雖然，爲世界一國之日本，最近之天氣豫報之的中率已稱有十分之八，至於暴風雨之警報，乃至一般晴雨的豫報，殆已達百發中之域。因此航海，航空，漁業，農作等的發達與安全，有賴於此的地方是極多的。但因四面環海之日本，與在同樣地理的情形下之英國，在文明國中這兩國是最富於氣象的變化，特於豫知困難的特殊氣象之多更非英國所可能比。就中在中央氣象台膝下之東京附近，其地形上因現有複雜的氣象狀態因此發表於新聞紙上之天氣豫報的中率，遙不及大阪神戶與其他之地方者；爲此常有疑慮其豫報之確否的人。然於東京附近之新聞豫報常有不中的原因，不能都歸於豫報當局者之技術的不良。

蓋日本人關心天氣之晴雨，爲最神經過敏的一個民。將特定地區的特定時間之晴雨，在十二時間除以前就豫知了，而確報於朝夕刊之新聞紙上，這是現代科學還極困難的一件事。然如驟雨襲來等及氣象上突然的變化以現在之設備，於數時間以前就得豫知這件事決不是困難的。只是除去新聞紙以外，缺少發表之機關，此突發的變化不得使一般周知。若於新聞紙豫報以外的突發變化，氣象台已經豫知的時候，而有速報機關之設備，則日常生活上更必有一層的便益。若更能讀一步的使於這方面有興味的一般市民，自己來觀測氣象而生協助氣象台之豫報事業之風的時候，由此觀測網更可密布，因而可得局所的天氣豫報之正確，吾人甚願將此作宜於文明國民之高尚的娛樂，而有助力於此公益事業。英國之非專門家觀測所，其數實達五千餘之多，此等人與專門氣象技師相協力於記錄，於豫報皆著有成績。然觀日本，此種之例曾未聽到；尤於英國之富豪貴族，爲一種趣味自設測候所，從事於氣象研究，於斯界常貢獻甚有益之寄與，吾人亦願對日本之富豪篤志家促其奮發。若一切皆依賴政府，國民對之如別人事，如全然無關係的第三者樣的，以此冷淡之態度隨意批評豫報，氣象觀測之不振者蓋不足怪。且其所依賴之政府，支出於此之金額，不過四十五六萬圓之小額，地方所分擔之全國約六十處之地方測候所，（外於島嶼所在之處約十所，直轄於中央氣象台，於台灣，朝鮮，中國所在的合計不過百二十所）合計經費不過微微的六七十萬圓，其設備之不完全固爲當然，而因其職員之待遇菲薄，故望有能之士進而志於斯界者是極難的。然在我風雨多變之國，氣象觀測豫報事業是應與地震研究共同必來促其發達的一件國家的急務。所以政府應大爲增加經費，以期設備之完全，同時改掉國民一般從來之傍觀的態度，而興起自身來研究協力之風，吾人認此事特有必要。（摘錄時事新報）

男女共學問題

——從婦人問題之立場上——

最近傳聞文部省（教育部）爲全國幼稚園制度之完備，有所畫策。幼稚園制度與男女兒童之教育上的効果，這是不用說的，當然很多。而於其中，男女兒童在一處受同樣的訓育這件事，就是由男女的共學上，自然而然所釀出來的對異性之融和的感情，這恐怕是其中最大效果之一了。所以就單從這點來看，當局對於幼稚園更要完全其設備的計畫，實在是有意義的計畫了。

○

關於幼稚園男女共學而聯帶着要說的，是希望更於小中學程度（其他）也改成男女同學的制度。我對於這件事不是單從教育上來說，是特別要從婦人問題之立場上來說的。

也不必再說的事了，就是從今日之結婚制度所釀出來的種種悲劇，追溯其原因來看的時候，完全是因爲男性不知道女性，女性不知道男性的相互不和道的結果，而釀成的時候很多。

關於異性，互相一點都不知道的男女，到了結婚的年齡，由一個偶然的機會就來結婚。不用說欠缺趣味感情，思想等之一致的事很多，男性對於女性，沒有什麼同感，而女性對於男性也沒有什麼理解，因此這個結婚之不能得到幸福，可說這是當然的。

○

爲救治這種結婚之悲劇，在近代是講求種種之方策。例如要以戀愛爲結婚之基礎的新性道德運動，是其最重要之一。固然在兩人之間，因其戀愛之有無，可使其結婚幸福，或使其不幸的事已經不必細說的了。

然而，就是有戀愛，假若這不是立於男性與女性之間的眞正理解上，也就成了無意義的了。在事實上，世間以戀愛爲基礎而結婚的，反弄得其關係更加悲劇的例是很多很多的。「結婚爲戀愛之墳墓」的俗諺，其所由來也決不是沒有理由的。然而在這個時候的戀愛，恐怕不是本質的眞正戀愛，而是戴着假面的虛僞戀愛罷。

○

莎士比作的「羅美歐與周麗特」中說：「年輕人的戀愛不宿於其心裏，而宿於其眼中」；又，「戀愛是盲目的；戀人不能互相見其眞價」——這的確是千古之名言。這就是雖以戀愛爲基礎，其結果終陷於不幸的原故，是因爲那不是宿於心裏的戀愛，而只宿於眼中的。這是不能眞來看他的戀人的眞價的盲目戀愛。而來排棄了這種盲目的戀愛使其能覺醒眞正的戀愛這樣來訓育人的事，是男女共學制自然所與出的一個効果。

○

從小學校就來男女共學的時候，這些男女，在不知不覺之間可互相理解了所謂異性——女性對男性，男性對女性是怎麽的了。及到了性意識覺醒以後，雙方都要來知道，且事實上也到了不得不知道的時期時，無論如何慌忙的要來知道，也不是急可知道的。所以在沒有知道之必要的時候，自然地已經知道了這件事，及到了必要的時候，戀愛的選擇，比較的可不致有大錯誤能。所謂互相理解的戀愛，決不是如莎氏所說的「眠的戀愛」實在是「心的戀愛」。爲結婚之基礎的戀愛，不用說是必有心的戀愛。

○

以上所說的，不過說戀愛是其例之一而已。蓋因當今的文化，既不可不作男女兩性的文化之融合；且因爲有這個原因，男女相互必須更來理解更來同感，故爲此事演重要脚色的男女共學的事，在今日更必來作重大的事件而加攷慮的了。

固然其間將有幾多之弊害，可是利弊都是相伴的原故，不能說只因弊之一面，就沒却了利之一面。吾人對於以上的問題，因有如此之見解，故敢煩教育界諸家之一考。

（摘載國民新聞）

最近於各新聞社的社論，多用起口語體來了。其樣式與題目，雖顯有通俗化，然仍未脫去冗長之風。在說明的時候，冗長之點，也有一利一失，可是務使文體簡潔，使讀者易讀，且可爲印象的。

社論在普通的新聞社，是於主筆之下有數名之論說記者，各自由地捉到題目來寫成得主筆之檢閱後揭載之，或主筆命令論說記者寫某某問題。主筆者在編輯局長之下時，揭載社論題者，先與編輯局長，主筆，與其他之幹部等協議而選定之，在外國新聞紙中採用這種方法的雖有，在日本還很稀少，差不多是主筆隨意選定題目，並決定社論之內容而揭載之。我以爲有能的主筆來兼任編輯局長，總攬論說與報道之機能，是最適當的。

第五章　電報講話

一　通信部的職務

掌理揭載於新聞紙上之通信的一部份稱之爲通信部。有的新聞社將通信部別之爲內國通信部與外國通信部兩個。可是固着新聞社的不同，有將管理內國通信的呼之爲「聯絡部」，而管理外國通信的稱之爲「外報部」；在這裏特述關於管理外國通信這部份的。大阪每日及大阪朝日將外國通信部別之爲掌理支那課的，與除去支那之諸外國的兩課。設立支那課之主旨，是因爲日本的新聞紙對於支那的事情特別重大視的緣故；故於不設支那課的新聞社也有所謂「支那通」這一班人專担任關於中國之事項。外國通信部之主要的職務，是翻譯外國電報而作取捨選擇之工作，檢閱從諸外國來的通信文，或以重要的電報爲題材，而作成說明的報道，或去採訪關於外政問題的。像現今國際政治甚形複雜了，一般國民也很希求關於海外的知識，所以這個外國通信部的職務極爲重要。

二　通信網

世界各國所發生的政治上，經濟上，社會上與其他的種種事件，也像自國內的新聞要早知道，這是一般讀者的要求。而應付這個要求，是新聞紙對於讀者所不可不作的一種貢獻。因此新聞紙竭盡完備的方法以蒐集國內的新聞，同時爲蒐集從國外來的新聞而有造通信網之必要。凡大新聞社都有外國通信部或外報部爲中心，在世界重要之都市上，例如：倫敦，巴黎，伯林，華盛頓，紐約，南京，北京等派遣有直屬於本社之特派員；於其他之地方，則常設特置員，或設通信員，或更特約各國之大通信社而如布設網目樣的通信機關，以蒐集海外新聞，普通稱之謂通信網。所謂特派員者是與倫敦太晤士報之"Specialcorrespondent"相同。倫敦太晤士報社於早就有送 Special c rresp ndent 至大陸諸國，着收成効且廣博之聲名。同爲特派員而更有所謂"Our own Corr-esspondent 者。這就是自本社特派幾個社員駐在倫敦巴黎紐約等處，以担任通信之職。若是單稱之為"OurCorrespondent 的，是指於某一地方住的適當的人，委賴其作通信之事，還是與日本之通信員相同的。

今舉大阪每日新聞社所有之海外支局，及通信員之所在地如次：

歐　洲

倫敦　曼徹斯他　都伯林　巴黎　里昂　馬賽　柏林　漢堡　莫斯科　利必瑟　瓦薩　斯多德牙爾（Steettgart）　哥平哈經（Copenhageu）　亞摩士德登（Amster-dam）　羅馬　威尼斯　馬德里地（Madrid）　里斯奔（Lisbll）　斯德哥爾摩（St-oekh lm）　格里士特阿拏（Kristiauia）　海牙

北美

華盛頓 紐約 波士頓 支加哥 舊金山 西特亞 費拉得爾非亞 洛司阿格勒斯（Losa3geles） 紐俄爾連斯（New Orlea7s） 蕃古洼

南美

利馬（Lima） 里約熱內盧（Rio de Ja4eire） 聖寶羅（Sao Panlo） 不宜諾斯艾利斯（Bue。Os Ayres）

阿非利加

開義羅 亞勒散得（Alexa。dria） 開普敦

大洋洲

海威衣 馬尼拉 濉水 巴達維亞 馬爾撒 新金山 悉尼 伯斯 威靈敦

亞細亞

加爾各答 可倫坡 孟買 德黑蘭 麻打拉薩 盤谷 新加坡 閩貢 海參威

伊爾庫次克　赤塔　廟街（尼科來伊佛斯克）

中　國

大連　旅順　遼甯　長春　鐵嶺　遼陽　哈爾賓　四平街　立山　甯古塔　吉林

間島　安東　義州　營口　青島　濟南　芝罘　北平　天津　上海　南京　廣州

漢口　長沙　福州　香港　甯波

其他的大新聞社，都與大每的通信網有同樣系統的通信機關；可是因其社的着處不同，所以在地方上也就有別異。舉其一例來說，譬如「大每」有通信員設於亞非利加之亞勒散德可是時事新報社則設通信員於波咔褰得也設於馬耳他。因爲重大的新聞全都以通信網來探收的緣故，新聞社對於通信網是有十分來研究的必要。

大新聞社有如敍上之社直屬的通信機關外，大概由左記之內外通信社得外國紐斯的供給。

路透社（英國），聯合通信社（美國），合衆通信社（美國），Havas社（法國），達狼西歐進社（德國），包爾德無線通信社（法國），羅斯他社（俄國），斯特法尼社（伊大利），國際通信社，日本電報通信社，帝國通信社，東方通信社（日本）。

如右所舉之例，凡大新聞社對於海外紐斯之蒐集，每費非常的苦心與莫大的經費。在編輯部之豫算中，關於外國電報科之用項，極其膨大。特別如開了巴黎和平會議，華盛頓會議，北京會議様的國際重要會議時，其所要之用費，實爲可驚之數目。

關於世界主要的通信社與日本通信社的關係，且先將外國電報的系統作一個概說。路透社從早就在日本爲一般所知道的外國電報。而時事新報於明治二十六年就與路透特約。路透社"The Reuter Telegraph compa3y"是於千八百五十一年德人保羅於留斯路透所創立的。因爲當時德國國內對於大陸之新聞通信事業，官憲的壓迫干涉很甚的原故，路透氏將本社設於倫敦而活動。於千八百六十五年成爲股份公司，路透故後。在英國生的二世路透作了總董事，繼營此業，待直至二世路透死後，始由英國人作了社長，於是路透社全體都成為英國人所主特。當着歐洲大戰中，英國政府有交與路透補助金的事實，一般都認為英國之對外的宣傳機關。路透的新聞雖可信賴，可是對於某一事件之論評的報道，不可不十分注意的。和英國的路透相對抗則有法國的 Hauas 社（哈瓦斯）"L Age9ce Hauas"。法人沙爾哈瓦斯於千八百三十五年在巴黎創始通信業，而呈今日之隆盛。千八百七十九年被狄藍朱男爵收買，而變更為股份公司之組織。該社的通信，雖不敢斷言全為法國政府的御用通信，可是當時的政府與路透對抗常利用哈瓦斯社以作對外的宣傳。

美國之聯合通信社"The AssOciated Press"於千八百九十三年以對抗合衆信 The U,ited Press"設立於支加哥創立者斯頓，羅遜，諾以埃斯等幾人相謀，更以關係新聞的會員六十餘名組織一新聞通信協會，以與 U9ited Press 競爭。其後於千八百九十八年，為了一件訴訟事件以來，遂在紐約州法之下，組織了一個 New Ycrkb crp-

Irativg，惟在今日普通依然稱之為 Associated Press。聯合通信與其他路透及哈瓦斯之組織完全不同，這是以美國有力的新聞社作會員，互相作新聞記事之蒐集及交換。嘗如為聯合通信之會員者，必須將當地所發生的新聞貢獻與聯合通信的代表者；在大都會上，聯合通信的代表者巡歷會員的新聞社以蒐集新聞。假若有重大的 News 的時候，就使用專用綫送信與全美的會員。在千九百二十四年之專用綫的延長，已達九萬八千餘哩；這些電綫晝夜無間斷地使用着。千九百二十四年之總會員數已達千三百員，全美國之日刊及日曜(Su1day)新聞紙之大半是作會員的。要之，這是一個新聞社的通信協會，會員於每年一回開一次總會，選舉十五名董事，於其中更選舉出各種的職員。聯合通信之於全美的國內勢力既甚偉大，即其國際勢力也與路透哈瓦斯等相對抗，決無遜色。惟在其消極的方面好像帶了些美國之對外宣傳的色彩。合衆通信在美國國內是與聯合通信相對立着的一大新聞紙之通信協會，其織組大路相同。雖然，這在「美國第一」(Ameriea Firss)之下，雖和聯合通信相同，可是在對外的通信上，實比聯合通信減少其御用的色彩。

最後更述與路透，哈瓦斯聯合等通信社完全異別其性質的，則有勞農俄國之「達斯」通信社，玆先言勞農俄國之通信網；元來俄國的通信社，大概的都是御用通信社。在帝政時代最大的則爲彼得格勒電報通信社"The TelegraphAgency of Petrograd"；而在一般通信略號之「厄斯特尼苦」的名稱，恐怕知道的更多。此通信社在其創立當時，是以商業通信爲目的的。而漸次作事業之擴張。在帝政時代是成了國家的一個大通信社，差不多好像政府的事業，每於內閣之更迭，同時通信社之幹部，甚至於派遣在大陸首要都市之特派員也都要異動。在實際上這是已經近乎官營的了。可是自改爲勞農俄國以來，以代替厄斯特尼苦的地位，而作世界宣傳機關的，則有羅斯他通信社之出現，這是完全的國營通信社。可是現在的羅斯他通信已成宣傳機關之一部，而於總體的國營通信社則有蘇維埃聯邦電報通信社，而用「達斯」之略號。在「達斯」內部裏：（一）有俄國電報通信社，這是以「羅斯他」之略稱而爲一般所知者；(二)烏克蘭無綫電報通信社，以『拉道』之略稱而爲一般所知者；(三)德璵士高加索電報通信社以塞庫達庫之略稱而被一般所知者。這就是在『達斯』之內部裏，別之爲三個內國通信社，而代表對外的時候，三者就一連絡起來又成爲『達斯』了。從來都知道的『羅斯他』而於現今成了『達斯』以行對外通信之活躍。『達斯』的本部是『羅斯他』社，而其外國部設於外交部內，外交部是等候着從諸外國來的『達斯』的書報。因爲這個原故，『達斯』之爲物，無論在其對內的，或在其對外的，稱之爲政府的宣傳本部也決非過言的『達斯』之世界的通信網，實有可驚的裝置，就是路透，合同，聯合等也不能與其相比。在厄斯特尼苦時代中，曾與路透相提攜的來活動的關係上，必以爲其與路透或其他之通信社相提攜，可是『達斯』的眼中全然沒有什麼提攜或是協定，在今日『達斯』的通信員沒有不在的國家了，例如英，美，德，法，意，印度，埃及，阿富汗，波斯，土耳其，中國，墨西哥，南美諸國南阿等凡於世界的各地都有通信員之配置。日本也於大正十二年以來「羅斯他」與東方通信社作通信員之交換。

在日本的管理海外電報之通信社，有國際通信社，日本電報通信社，帝國通信社，東方通信社等，各社都有其特色。可是能與路透，哈瓦斯。合同，聯合，達斯等相對抗之國民的通信社，在現今還未育成。各社說它是日本的對外機關，還不如說它只是從外國的通信社或從無線會社那裏作買電報的特約，而再賣與日本之各新聞社。可是在其中，國際通信社當初的目的，是作日本政府之宣傳機關的意思下而設的。然不知何時的墮於只買外國電報的位置了。就是本來的方針是由路透社將日本的紐斯送信至外國。到了後來，路透社將其大部分棄掉中絕了送信，却成了國際通信社來賤買路透電，以『國際路透』之名義再賣與日本的新聞社，最近用「倫敦國際二日發」之名義了。日本電報通信社也不是賣日本紐斯與外國，是特約合同通信社的紐斯，再賣與各新聞社，所謂「日內瓦合同電通四日發」即是。帝國通信社與德國之達琅西歐進通信社特約，凡從諸因無綫電信局所放送的新聞情報獲得極東之獨占權，更於鮑爾到無綫電信局所放送之新聞情報一併獲得，而賣與日本之各新聞社，所謂「諾因帝通十日發」即是。東方通信社於大正十二年與羅斯他行通信員之交換，特派通信員至莫斯科，而將俄國之紐斯賣與日本各紐聞社，可是大概是賣中國各地的電報。凡寫有「青島東方八日發」者，即是。要之現在的日本各新聞社仰給各種通信社之海外紐斯。所以從國家來看，日本還沒有確實地國家的通信政策，其結果不得不在國際間蒙很多的不利益。

今試觀世界六大通信之勢力圈：路透大體之地盤是英本國，英國殖民地，中國，埃及等；聯合通信是於英國，菲律賓，夏威夷，墨西哥，南美等諸國；合衆通信是以美國為中心而張勢力於歐洲之各地；哈瓦斯是以法國為中心，於拉丁系諸國占地步且為意大利之斯特法尼通信之股東；柏林之「渥爾夫」以德國為中心，而於俄羅斯之一部，斯坎納雅諸國依然有勢力；處於此間之勞農俄國之「達斯」，縱横無盡的向外擴張，通信在宣傳的觀念下活躍着前進。日本在東三省方面不過有少許的勢力，至於對中國內地的積極通信政策尚沒有。

現今世界各強國間競爭的完成無綫電信通信網。無綫通信網較海線之建設費甚少，即於維持費也有三成之低廉，所以各國由海底線之建設一轉而爲無線電信之建造了。不但如此，而且列強更競爭的來作無線電信的制空計畫，因此關於波長之協議，於一九二〇年在華盛頓會開國際電氣通信設備之會議，更於巴黎開催國際無線技術委員會，遂於國際無電綫信大會上得以決定了。到強爭奪之中心，是在優良電波長的個數之奪取。既設的無綫電信之經營方針，英國爲半官半民之經營，美國，法國，德國是民營，勞農俄國是官營。日本於大正十四年（民十四）三月公布日本無綫電信株式會社法，於同年七月公募株票。同會社（公司）總資本金二千萬圓，會社之事業計畫如左：

（一）對歐洲局　送信所設於名古屋，受信所設於四日市。設計爲七百五十基羅之高周波電動發電機式，對方局是歐洲諸國之重要局。

(二)對美第二局　送信受信之設置地未定，設計為五百基羅之高周波電動發電機式，對方局是美國之 Radio corporation。

(三)對南洋極東局　送信受信所未定，設計為三百基羅之高周波電動發電機式（南洋通信用），一千基羅之同式（極東通信用），對方局是印度，中國，西貢，菲律賓，爪哇，英領印度，濠州，西伯利亞等。

(四)磐城局　福島縣原町所設置之四百基羅之高周式及電弧式，現與夏威夷交信，待第二局完成後，於加拿大南美方面使用之。

(五)中央受信局　與前記之送信局作聯絡之受信局。

以上之計畫，大體於一九三二年可完成，待此施設完成之日，報道紐斯可有着大之進步，即全世界之距離完全可縮小，蓋由無綫電信，瞬時可知世界所發生之事件。

三　我爲特派員的告白

我於大正八年（民國八年）十月，在華盛頓開的第一回國際勞働會議，被派爲特派員赴華盛頓；又於大正十年三月，皇太子殿下外游的時候，作報道之任務到了歐洲；更於大正十年十一月赴華盛頓開的軍備縮少會議。從這三回的經驗，我要把我所得的失敗告白與大家，最後更述我如何的消罪，以供開始要爲特派員的人們作爲參考；更願一般的人們，還不知道到底特派員是幹些甚麼事的，使他們曉得所謂「特電」是費這樣苦心而得來的。

我作了時事新報社的留學生，在大正八年四月渡美，於物價極便宜的鄉村過了夏天，在那裏學英文，并且日夜地對於美國的事情上用功。進了九月，忽然接到了從本社的電報是：『作特派員到華盛頓去！』恰好從十月下旬在華盛頓要開國際勞働會議，然而這對於我實在是重大的任務，且是好像一種冒險。可是作代表來的人，有我的先生鎌田榮吉氏；氣賀勘重，田中一貞，菊池武德，窪田文三等。這些人雖然不認識，可是又想到資本家代表之武藤山治氏也不怎樣遠的人，就又覺着很欣快的。然而使我心中頗不安的事，是我平生對於勞働問題沒有深切的研究。而在本社一方面，像我這不深知勞働問題的人，叫我作這一方面的事，好像也有點無理。而我也就像勞働問題之製造時節品的人了，因此我對於其他的競爭上，不得不有非常的弱點。

旣到了華盛頓，因爲本社的支給太薄少了，所以就賃了日本人旅館的一間房子。一方就去調查在會議上要議論的勞働問題。可是我於四月到十月之間不在日本的原故，不知道作什麼樣的報道，可使日本的讀者起了 sensation 及興味，我簡直不知道報道的焦點是應該放在那裏是好。我在美國研究了美國的產業不安的狀態，而於會議前我的準備是從美國的雜誌，新聞紙及美國人那裏，研究了從美國這一方面所觀察的國際勞働會議。

一直到會議開始前，我們直成了速成的勞働問題之學究的研究者，而把新聞紙的特派員的意識失掉了。像這樣的事在無經驗的特派員或在通信員中，是常好有的一種傾向，現在還是這樣想。這就是忘了是爲新聞記者，而成了一個學究的研究心了。所以在會議開始的二三日前，才到 Western Uinon（電報局）把關於通信的手續弄清楚了。若是現在的我一定是到了華盛頓，馬上就管理通信的 Western union 去把萬端的手續弄好，而等候着開會，豫報要不斷地打去。可那是個時候，這個心沒却還沒有的。

要之在這個會議，我活動的缺點，（一）對於讀通信及電報的日本讀者所要求的是什麽東西未曾加以注意；因有這個原故，對於紐斯的選擇與價值之判斷，往往以爲是錯誤了。（二）不知幾時的忘記了是一個新聞紙的特派員，而成了勞働問題之學究的研究者了，故對於紐斯的感覺失掉了。這固然也因爲我從學校畢業僅僅有三年而易於陷的弊病。

勞働會議的本會議，開於 Pa-Pnacific Uoion（汎太平洋協會）：委員會關於 Naug Building 日本的政府代表，資本代表，勞働代表等宿於 Washington Hotel（華盛頓旅館）。我每天到這四五個地方迴轉着跑。大阪每日和大阪朝日有五六個人的特派員，作大規模的活動，爲時事新報的競爭紙可說就是這兩家，而這都是富於經驗的兩新聞紙的特派員，與我這開始要經驗的特派員相對峙，不能不說我是冒險的一件事。并且也不知道本社方面，接到了電報與否？結果有如何的反影？是壞是好？要是壞的時候來怎樣辦？可是一點消息也沒有。若說本社寬大也可說是寬大，說是怠慢也可說其過於怠慢了。可是想想在外國作事人的心，有時指示其是好壞這件事，也是最必要的，因爲過於放置不理的時候，也是使其很寂寞的了。

勞働會議的新聞，已由聯合通信社與合同通信社相當的報道於日本，因爲這個原故，關於會議的議事的電報，我再打特電來是一件非常的浪費。所以要從外國發特電的時候，或者先去問問外國通信社大體打什麼樣的電報，若是沒有到外國通信去問的時間，自己就應當用適當的判斷，務使其不重複。自己以爲很留意去打，一直至急電報和特電，而同稱爲東西聯合通信社業已打過的。這定要後悔這電報無爲的浪費。因就有些新聞社的特派員把政府代表間的閒話等等，只要採訪了些「三面記事的話」來打電；可是作這一類的事，我到底也幹不出來。

勞働會議閉會後，我回顧當時我未曾找到一個主眼點打了些特電，這使我自己覺着很慚愧。而且寫的通信，雖是於會議中徹夜寫的，可是完全寫了些好像是學究的報告書了。

其次於大正十年三月皇太子要外游歐洲，歸國不久的我，又被派去外國爲一倫敦特派員而赴任。我豫期着關於報道皇太子外遊這件事，是必要遭遇到種種困難，因爲在日本國內要看見皇太子的面還是不容易的事，何況最初的旅行，周圍的警備固極其嚴重的，報道殿下的行動是必費苦心。所以我想必先和側近的人們來親近，遂得到了去見供奉長之珍田伯，供奉員之西園寺八郎氏，二荒伯等的介紹信。我並且立了一個目標，就是從這些人中，把皇太子的遊歷打電報道於國民之前。每於皇太子滯在的地方，我最先打聽發電報的郵政局，或是通信局的所在以備打電。旣走了這一步，我爲一個特派員好像有準備行爲之感了。

本社方面也十分地來保證我的活動，其中凡皇太子去的地方，無論到何處都有隨伴的命令，因此，我自由地消費了莫大的旅費。像這種時候，本社方面應該信賴特派員支出相當的經費與一切行動的自由。

四月十五日皇太子的乘艦「香取」與供奉艦「鹿島」安抵赴歐洲的入口蘇彝士運河。我比軍艦早一步來到此地，打安着的電報去本社。我於蘇彝士在香取軍艦上拜見皇太子，同時也把帶來的介紹信面會珍田伯，西園寺八郎氏，二荒伯，山本信次郎大佐等。外遊中及一直到如今得和這些人懇親的原因，都是發端於那時的。我不於倫敦奉迎，而於蘇彝士上陸的時候來奉迎，由介紹信留印象與側近的人，這使我在以後的事情上得到了不少的利益。可是於蘇彝士。散特港（Port Said）開義羅

(Cairo)等處，和我立在競爭的地位的有「大每」之加藤直士，「大朝」之中平亮兩君。都來作打至急電報與普通新聞電報之競爭，三人同時跑到郵政局，加藤，中平兩君互相開始打至急電報的競爭，我在目前看見，我的心理狀態也被競爭這種東西所刺激，也來打至急電報，而且被「大每」「大朝」的競爭所促，凡皇太子殿下在各地的旅程中，我都打了至急電報。我自己雖知道是無用，可濫用了非常高價的至急電報費，在這一點我不得不後悔我爲特派員的修養還是不足。因爲外國通信社，譬如在英領的路透社各張有專用線，所以我的至急電報與路透的至急電報在去拍打的時間上大有懸隔，至於路透的普通報與我的普通報其速度的差異更是很遠的。這些事最使我明白了，是於蘇格蘭我隨皇太子之旅行從各地所發的電報，這些電報都比路透的遲延一週間。我在移動通信的任務全行程告畢時，我來檢覈我的成績，我知道了我所發的特電完全成了無意義的了。我本來是和「大每」「大朝」競爭，豈不知成了和路透的競爭，遂把巨大的電報費如棄於海中一般。從蘇彝士以來，我忽略了路透電報的速度的研究，及其打電內容，這是我那次的最大失敗。

皇太子外遊的時候，從倫敦，劍橋，愛丁堡，曼徹斯他，或於蘇格蘭之鄉村中，更轉轉至巴黎，Brussels，Amsterdam，Strasbourg，Metz，更於 Turin，拿不勒斯，羅馬等移動的打電報。所以先要於移動樞要地的交通部或通信局，將在東京本社所攜來的新聞電報特約之登錄證，或是特許證拿去證明，以作移動通信時之種種準備。在歐洲各地作移動通信時，因為言語之相異，貨幣之不同，以及電報費異殊的種種不便，所以頂好在未赴旅程以前，先將各國的貨幣，郵費，電報費等作一調查，以備到時用。隨伴皇太子外遊作通信的職務到意大利時因為言語的不通，打電報作了非常的浪費。

第一回國際勞働會議，或作皇太子外遊時的報道，這都是以同國人為報道的對象，或是新聞的材料也是從日本人得到的，可是軍備縮小的華盛頓會議，其新聞材料是遍於內外人，而為新聞記者的活動舞臺也成為世界的了。我在意大利之拿不勒斯君皇太子之歸航，將任務作一段落後，就從瑞士到了德國，在柏林住了十幾天，及回到了巴黎時，從本社來電稱華盛頓會議將開，看有適當的時機，就由美國。當我滯留 Brussels 的時候，我接到了父親死去的電報，可是在這一任務未完的時候怎麼也沒有方法回去，我只得遠遠弔我父親的逝世而繼續活動。最初赴美國的時候，我失去了可愛的小女兒，這二次的旅行又看不到父親的死顏。為一個特派員到遠處去，像這樣家庭的犧牲也不得不忍受。

我從巴黎回倫敦，專想在短時日中，來檢閱點英國的事情，我進了英人的家庭，住住旅館，或作週末旅行。其間我把英，美，法對於華盛頓會議的輿論是什麼，特別英國之一般的傾向，對於英日同盟是要怎麼的事作一調查，作通信至本社。關於日英同盟將要如何，我決定由華盛頓會議來得到關於此事的結論。十月初自倫敦越過大西洋到了華盛頓，本社的伊藤正德君在等着我，本來總是一個人作事，旅行，現在有親友相會，我覺着非常氣壯。伊藤君已把旅館的房間定好等着開會了。

華盛頓會議，日本的新聞記者數達五十餘名之多，不讓巴黎會議的盛況。各國的新聞記者，美國的都是一流新聞社的手腕靈敏的記者參集華盛頓，作成陣容。倫敦太晤士紙是主筆的斯特德，記者是賴維士等錚錚的人物。其他法國，意大利，西班牙，印度，濠洲，加拿大，中國等的新聞記者都有，華盛頓一時成了世界記者之競爭場了，

會議既開，各國記者之唯一的新聞來源地（News Source）是去會見各國全權，固然在正會議上發表有報告書，可是沒有一個人依賴着這些東西的，各記者還是重視與各國全權的會見。國務卿之許士一天兩回，在國務部與各國記者團面會，有時也給重要的報道。大總統哈丁在金曜日與火曜日引見記者團以應答質疑。只是美國的全權安德滬及羅直等不怎樣和外國的記者會見，而只是常來和美國的新聞記者會見，與以多大之便宜。法國的全權在Navy Building有時間的時候，可自由地無論何

時都能面會，白里安或沙羅等諸全權不在的時候，祕書總長彭梭代見。意大利全權也是每日一回在 Navy Building 的事務所會見記者。中國全權也於一，三，五，的午後三時起面會記者。日本於每日午後六時在 Navy Building 的事務所或在大使館爲會見時，加藤，德川，塡原各全權務求與外國記者會見。英國是路易喬治的親友英國新聞社主協會長之勞特李德氏大爲斡旋，他雖不是全權，可是他有與全權同樣的權限來與各國的記者會見，且在自由的立場上來與記者報道。

在這種的國際的會議上，爲特派員特別應該大加警戒的事，是各國都於自國的利益之立場上來作報道或是發宣言，所以一不加注意就要出錯，然而在這些宣傳之中，也是常含着重要的紐斯的，所以有常來注意與冷味之必要。

在會議中英國的新聞記者關於議事之一切的報道都委之與通信社，而專注力於論評。美國的新聞記者依然是以紐斯爲主，而與通信社的記者競爭。日本的新聞記者差不多都奔命於報道之競爭，只是伊藤正德君論評與報道雙方都來作，我是專磨件報道。而在會議中我們兩人間，在各自的思考之下，兩人把精力都集中於某一點了。就是伊藤君爲新聞界的唯一海軍通，所以紐斯蒐集也專注力於這方面，而我因爲在英國以來，腦筋中常存着日英同盟將如何的事，所以我就把這件事專置於念頭而開始活動。在報道一點上，我也是務求避免和通信社的重複，而於自主獨往之覺悟下活動。

在華盛頓會議，關於海軍的報道，時事新報能最精確最迅速的原故，是因爲派遣有精通海軍之最適當的人物。關於四國條約之締結摘發，而使世界駭觸目的事，雖說偶然，可也是豫先作有準備的原故。我之能摘發四國條約的事，是以如何地經過，得到了這樣重大的新聞，恐怕在今日即到將來也沒有發表的自由。即令加藤全權已經死去的今日，或是勃兒發卿(Balfour)已死，或是許士不在，白里安如何了，德川公不在世了，我也不能說出我的新聞來源處(News Source)四國條約一直到它締結的行程，恐怕就是日本全權的隨員也不知道的「祕密」，我可知道。我雖然可寫四國條約締結之外交回顧錄，可是關於如何地能在我的手裏握到這一切的祕密的事，我不得公表的。知道的人只有我與伊藤君，而祕着更深的『謎』的是在我的胸裏。

要之爲特派員的要件，從來的經驗說來：（一）先作處其時充分的種種準備；（二）本國的讀者最感興味的東西上加力；（三）不和外國通信社競爭，作蒐集獨自之紐斯。（四）努力不懈等。

第六章　新聞社的行政

一　新聞社的組織

每日發行新聞紙的報館，好像是一個世界。其構成也和人體相同的，是一個有機的組織。日刊新聞社之最大者，製作報紙有二千五百名以上作從事員晝夜地活動。就是規模小的新聞社，也不下五百名之多。現時的新聞社的組織，大別可分爲如次的三部份。

一　編輯部

一　營業部

一　印刷部

可是有的新聞社，只分爲編輯部與營業部二大部；將印刷部使其爲一工務部而屬於營業部內。然在大多數上，還是把工務部使其成爲一個技術部而獨立。編輯部是表現新聞紙的『新聞人格』的重大的部份：掌理論說，新聞，編輯製作的事務。營業部，是掌廣告及販賣等事務，而推行新聞紙的銷行。印刷部是擔當新聞紙的印刷，製作等技術方面的。這三部份，都是爲現代新聞紙的製作上所不可缺的東西。由着這三部份，最有組織地來活動之優秀人材，來運轉最良的機械，而製作成完全的新聞紙。關於日本新聞社的組織，素有典型之一的時事新報社的組織如次：

一　編輯局

社論部

總編輯

政治部

外報部

經濟部

社會部
聯絡部
地方部
繪畫部
校正部
寫眞部
圖書部
庶務部

二 營業局

販賣部

市內系（社營專賣店）

地方系（地方專賣店）

郵遞系

發送系

廣告部

內勤系

外交系

校正系

廣告管理系

會計部

出納系

收賬系

工務部

監理系

守衛系

活版系

印刷系

製版系

人事課

調查系

社會事業部

其二，大阪每日新聞社的組織如次：

一　編輯局

論說課

內國通信部

社會部

經濟部
外國通信部
編纂課
調查課
中央聯絡部
整理部
政治課
支那課
校正課
運動課
航空課
東部聯絡部（東京）

西部聯絡部（門司）

二 營業局

販賣部

計算課

遞送課

廣告部

會計部

事業部

出版部

用度部

庶務部

秘書課

人事課

一　印刷部

活字場（別爲日文與英文）

寫眞場

印刷場

新聞印刷課

臨時物印刷課

又美國最大的『紐約太晤士』的組織，揭之於左：

一　論說部（Editor.al D Partment）

主事

論說部員

一　報道部（News DePartment）

編輯長
同次長
晝間編輯長
社會部長
同次長
夜間社會部長
同次長
電報通信部長
同次長
整理部長
同次長
調査部長

日曜版部長

運動系長

寫眞附錄係長

繪畫系長

演藝部長

經濟部長

商況系主任

不動產系主任

新刊物介紹系長

新聞索引（News Index）系主任

論說索引系主任

一 工場部

校正系

植字系

鉛版系

寫眞製版系

印刷系

機械系

一　營業部

廣告部

會計部

編輯會計部

發送部

廣告管理系

現金出納系
用度系
機械監督

歐美及日本最大新聞社，其組織實例已如以上所記，大略相似。只是在歐美，特別於美國的新聞社，凡發行朝夕刊的，其編輯員及記者完全分開，更沒有日本六大新聞社爲吸收讀者起見，有社會事業部或規劃部等之設。所謂校正部或系，在日本雖屬於編輯部，但在外國大概是設置于工場部的 Co·posing room 的隔隣 Proof reading depatrment 處。要之，新聞紙越發發達了，新聞社的組織也越發要行分化作用。

先就編輯部來言，其中的論說部，雖在形式上是包含於同部之中，可是在實實地它是完全應該獨立的。有的社置於編輯部長的轄制下，有的社也有使其與編輯部長相對立的。編輯部長必須有統制編輯各部及各系的能力，如在編輯上獨創新方針，或於紙面上擬出新體裁，或與各部他部作連絡，務求其靈活編輯部長對於新聞社的社長，或對於公司負直接的責任。總編輯，或整理部的任務，固然是在把從政治部，外報部，經濟部處所集來的記事原稿加一整頓，而作最後之修飾，可是關於紙面全體的體裁，標題的寫法，記事的選擇，寫眞的調和，漫畫的適否，必須能在短時間裏加一鑑別決斷，而有製作出的技倆才成。所以編輯者對於案件，必有一種理解與一種藝術的獨創心；對於事情必有緻密，冷靜與決斷心。『New york Globe』的社長 Jason Rogers，在美國新聞紙百種之中，將其中百分之六十的成功的共通點調查的結果，他舉出了以下的十五項，論新聞紙製作者應加十分地注意。就是：

一　第一頁的外觀。

二　全頁的編輯樣子。

三　論說的獨立自由。

四　有特色的紐斯。

五 愛國心。

六 富於人情味的。

七 Information Department。

八 紙面之建設的獨創心。

九 適於家庭的記事。

十 關於兒童的記事。

十一 關於財政金融的記事。

十二 對於廣告主作方策的考慮。

十三 服事廣告主。

十四 助成廣告的效力。

十五 與他社的協調忠實地實行。

Rogers 說：第（一）項朝刊新聞紙中是「紐約太晤士」，夕刊新聞紙中是

「Chicago Daily News」爲其代表的。其（四）的特長「Chicago Tribune」是第一。其（十一）項傑出的，則爲「紐約太晤士」紙。卽在日本，關於重要頁的特色與全體之頁的體裁等，可說也是能制新聞紙製作之死的活東西。

以報道紐斯（News）爲主要任務之各部的部長，凡有朝夕刊的報館，最先要對於兩者考慮記事報道的方針輪廓，樹立「明日的紙上要以何爲重要記事」的計劃。並且去配備外勤記者，已就部署的記者，務須有連絡統制之必要。部長的職務：

一　有News Source的地方，必得配備上外勤記者，突發某種問題的時候，敏速地講求對應的處置。

二　預備下內勤記者，以備突發事變。

三　對於通信社的通信，留心選擇；若由通信得到了重大暗示的時候，卽刻促外勤記者的活動。

四　與各方面的人物交結；對於重大事件，部長自身應自採訪異偽，及加判斷。

五　務期紐斯能較其他的競爭新聞紙「迅速」且「精確」。

各部長的事情能否成功：（一）若是屬於其部的外勤，內勤記者的素質多屬劣等，對於競爭新聞紙立於不利之地位，所以配備於第一線的要有優秀的主力艦與優秀的補助艦艇。(意指優秀記者)（二）若是外勤內勤記者人員不足的時候，News Source 的複雜化與廣汎的今日，不得不立於不利的地位。（三）部長若沒有完全地完成前記諸職務的能力時，這就要導新聞紙於失敗。部長應該將優良的熟練記者常備於部下。有未熟練記者時，先必加一職業的訓練。部長是一個 Quich thinker 對事件必冷靜地加批判。政治部是以各官廳，各政黨為其主要的 News Source 處。外報部，是以外交部，或從海外來的報通信為 News Source。經濟部是以各公司，股票交易所，各銀行為其 News Source 處。而社會部因為不能豫想於何地何時要突發怎樣重大的事件，故有設置內勤豫備人員的必要市內配置市內通信員。地方部聯絡各地方支局通信員以編輯地方版，對於本紙版也須、報道地方的重大事件。時事新報社的聯絡部之任務，不但只以東京大阪的通信聯絡而已，自聯絡各地方來電話電報等以成通信網之中樞；這一部內常備多數的熟練的速記記者。繪畫部內於「時事漫畫」之外，更有數名畫家作 Card 或是意匠。校正系之任務最重要，這是直屬於編輯的重大機關；多有熟練的校正系員時，紙面上誤字誤植，自然可得防止。已付印刷而發見了許多誤植的事，最令人不快。因此這一系的人，必與記者有同一學力，或比記者更有學識經驗的才好。雖然，明知道這系的重大價值，可是許多新聞社還有不愼重地來選擇 CoPy reader 的通弊。寫眞系的系長有數名 staff，將每日的事件撮成影頁獻紙上。新聞寫眞不是藝術寫眞，這是應該爲一個紐斯才成。當日的重大事件是可由「寫的紐斯」與「影的紐斯」來表現報道。Daily mail紙，及以寫眞爲主的小型新聞紙的寫眞系是要非常多數人的。到了今日，這些人已經不是照像館，而成了「寫眞記者」了。圖書系像「倫敦太晤士」或是「紐約太晤士」

都有大規模的組織，可是日本還沒有怎麼發達。新聞社裏面，圖書館是必要的；專任索引系也是必要的；而也不可不置有專門作介紹新刊物的記者，這個機關是與新聞社的調查課同時必須完備的特殊機關。

再就營業部來說，營業局長是和編輯部長並立的關於經營上的責任者。歐美的營業部長是在編輯部長之上，而以高俸優遇使其掌管新聞紙的一切事業。新聞社的浮沈，可說完全由於營業部長的材幹如何。販賣部是在販賣部長的統制下，置市內販賣系（或監理部）地方販賣系，發送系，郵送系（或遞信系）各主任，以販賣所製作的新聞紙。市內販賣店，應以讀者數的多寡以雇送報人，送報人多時有至千餘名以上的。在地方販賣系、有外勤內勤系員不斷地來作開拓新讀者的工作。東京有所謂新聞輸送同盟之組織，各新聞社對於鐵道部，與各汽船公司協定同一行動，在輸收上享受特別便宜。廣告部是現代新聞紙經營之中樞部，也是新聞社的財源。因此廣告部長必須爲敏腕經驗及有學識者，才能督勵內勤外交系員開拓廣告主。

Classified advertising（分類廣告）爲最有利的且與公衆關係最深的廣告。在日本時事新報社最早著眼揭載此廣告，一時爲時事新報的獨占物，可是在關東大震災以後，東京日日、東京朝日，報知新聞，都新聞等開始作分類廣告的爭奪，都有相當分量的揭載了。會計部是掌管新聞社的現金，物品之出納，集金，購入等事務。工務部或印刷局是掌理新聞紙之機械的部面，爲最後完成的地方。工務作業爲活版，印刷，鉛版，鑄造，製版各課或各系；於活版系則有分担排字組版解版的職工；於印刷系則有電氣，機械，運轉各技手，於鉛版系則有紙型，鉛版製作工，於鑄造系則有鑄造活字，鑄造 Monotype ruler 的專門職工，於製版系則有寫眞製版，凸版製版，古拉比亞製版之技工。新聞紙之製作，呈異常發達的原因，全靠新聞印刷機械的發明，同時也是印刷部的完善設施，所以在使用最新機械的時候。充實印刷部的熟練職工也是必要的。這是在能率上有非常重大的關係。

新聞社的組織大體已如上述，似與人體的神經組織相同。新聞社各部面的發達，是在各方面分布着神經系統，脈絡是息息相關。運用這個偉大組織體的機關，第一是來審議一切的編輯與營業，決定執行經營方針的董事會，大概董事都是主筆或各部的主任者被選出。編輯部有編輯會議，請各部，各系，各課的主任者，關於編輯事務作一商量，並執行所決定的事項。在各部內更有部會；各部員會合關於活動上作一商議。營業部有營業局會議；其所屬各部也開部會。像這些各種會議機關的存在，在新聞紙之製作上所不可缺少的是聯絡統一。

二 新聞社的經營

在新聞社的經營中，編輯部與營業部在其辦事之性質上雖顯有不同，然而在其終局的目的是完全一致的。論說記者及外勤記者獲得最良的紐斯，而於紐約斯加一解說批判，於是編輯者可作成最良的紙面。在營業部之各方面，務使多數的讀者來讀最良的新聞紙，並為作成最良的新聞紙創造資源。兩者如鳥之雙翼，在製作最良的新聞紙上，其目的如一。現代的新聞紙既然成了一箇企業，新聞紙的發行者，或發行的會社，在營業的方面：（一）必須構成適當的系統組織；實際地今日之新聞紙是表現系統組織的。（二）爲獲商業上的利益不得不把紙面賣給廣告主。（三）來製作新聞紙如生產業者一樣必須來處理原料，勞働，管理諸問題。（四）印刷成的新聞紙必須販賣於市場上；蓋新聞紙業務，不是小賣業的性質，而爲製造批賣的性質，除了地方新聞紙以外，大部會的新聞紙，全都是經由新聞販賣業者之手而以所謂販來的原價販賣，新聞社直接的小賣是極小的部分。但在日本關於販賣方法是有特殊的發達，就是新聞社自身有專賣店販賣。事雖如此，可是本社直接販賣給讀者的事是很少的。

新聞紙自其製作以至販賣，差不多在其全過程是和其他的新聞紙在競爭之狀態中，這是與一般的製造業者沒有一點別異的地方；或還更甚。新聞社的販賣部，對於別的新聞紙之侵略地盤，不但於甚麼時候都須加擁護之必要，有時且將侵略其他新聞紙的地盤。於完全未開發的地方，也須來擴張販路。此故，新聞紙發行的增加策，必講求種種的方法。

（一）發賣店的增設，（二）銷售紙數的獎勵金，（三）落價販賣。（四）無代價的配送。

再於一方設立社會事業部，企劃部等，作種種社會的計畫。如講演會，音樂會，觀劇會，遊覽會，運動會，巡回病院，巡回圖書館，博覽會，品評會的事業；間接地以圖讀者的增加。可是在美國最進步的新聞社稱：『人工的部數增加策，與投資採掘鑛山同爲不自然的政策，遂漸有廢止這些事業的傾向了。事實，要在新聞紙之經營上成功，除了投資於 News S rice（新聞的貢獻）以外沒有別的。當歐洲大戰時，美國的各新聞社羣派特派員到歐洲，其數達四十餘名之多。其中『Chicago Daily News』紙上有羅遜的特別通信，因此發行部數增加了十萬，得二十萬元美金的收入。同樣揭載羅遜通信的『N.w york G ob.』也於五月之間得了五萬的讀者。時事新報當華盛頓會議的時候，迅速的報道了四國條約，且有優秀的海軍通信，遂增加了八萬的發行部數。從這點看起來，若是報道有特色的紐斯，可說這是多得讀者的唯一之道。所以新聞紙對於讀者的貢獻是只有 News Service（新聞的貢獻）。所謂 News Service 者，是新聞紙不要怠忽了每天來報道最良的紐斯。求報道最良精確的紐斯，但是必須有最良的新聞記者才可。在新聞紙的發達初期，新聞記者就像政黨派的僕役探聞政治家的政見，以促民衆，反響。然而既進了第二期就成爲論說記者的中心時代了；新聞紙是由論說記者的好壞增減其發行部數。這些論說記者發表一己的意見，以盡力指導大多數的民衆。然而到了第三期之今日的論說記者，已經將要離開個人人格而來築成「新聞人格」的時代了。新聞紙的社論，已經不是誰是這樣說誰是那樣唱的東西却成了某某新聞是這樣說，某某新聞是那樣唱的時代了。論說記者已經不是只寫個人隨便的論說，却成了對於新聞社的經營方針加一打算後始寫社論的。雖然，新聞社應該用人格高尙與學識卓越的論的記者，就在今日，與論說中心時代也沒有若何的殊異。英美的一流論說記者年俸有五萬圓的；年俸二萬圓的不算稀奇。爲增加新聞紙的發行部數，紐斯是其重大要素，所以新聞社是有網羅優秀記者的必要。有了優秀的記者，是新聞社最貴重的資本；養成優良記者的記聞社，如投資一種事業一樣，美國新聞界呈今日之盛觀的原因，就在新聞經營者老早就來活用優良記者所致。 James Gordon Bennett 以五百美金創刊「New york Herald」紙，僅僅以十五個月而能成功爲有價值的新聞紙； Joseph Pulizer 買收苦於積債的「New york world」紙，而不久能致隆盛； Charles 及 yong 兩個貧窮的少年，於五十年前創刊一新聞紙，成爲今日之「San Francisoc chronicle」；「Seattle Times」之能成今日之大， William Hearst 繼其父業而築成現在之哈斯託王國，英國「倫敦太晤士」報之信用，「Daily mail」紙之能突破百萬部，這全都不外乎注主力於 News Service，以貢獻於讀者爲第一義的結果所致的。因此在美國有爭奪優良的 Reporter 之事，像詹姆士克里滿年俸是十萬元美金。

對於讀者的貢獻以 News Service 爲第一義如上所述，而販賣部對於讀者迅速地且規則的送達，也是服務讀者之一，像日本這樣特殊的送達制度很發達的國家，發行部數的增減，常由送達的是否得宜而决定，此故各新聞社關於送達的方法也要加一番苦心了。

在日本作新聞紙經營的最大弊害，是各新聞紙在販賣上常作無謀的競爭，——實行濫賣。特別是在東京，因立在對等勢力的新聞紙很多，新聞紙的經營比較是困難的。這種互相競爭的結果，遂放棄了定價販賣政策，而浪費無用的經費。大阪之每日新聞（簡稱大每），朝日新聞（大朝），名古屋之新愛知，北海道之北海太昭士，與其他小都會上的新聞紙經營較比容易的原故，其定價販賣之維持，不得不說是其原因之一。東京的新聞紙多陷於經營困難的地位，實其濫賣的積弊。要來恢復新聞紙競爭的「常道」，非照着定價販賣來實行不可。東京朝日新聞與東京日日新聞做大阪兩本社之例，於大正十三年（民十三）作成定價販賣之協定。在可能的範圍內，東京全新聞社應早一天的作成「定價販賣協定」復歸新聞紙本來的紐斯之競爭。不是這樣永久免不了經營困難的。

新聞紙應該期望發行部數之增大：發行部數因與廣告率的決定有關係，所以廣告是新聞紙的基礎勢力，可是若從新聞紙的經營上說起來，新聞紙的讀者階級求之於浮動性極多的方面，還不如往固定性這方面去開拓。就是若有銀行，公司職員，官吏，學者，一般堅實的商人爲讀者階級，比有小商人，自由勞働者爲讀者階級時更較確實。是故，販賣部長與部員，必精細地調查新聞紙的銷路市場方可。若能以愛好該新聞紙的某階級爲想定讀者階級，而往這方面去開拓的時候，比較着漫然的去開拓市場更爲有利。「New york Globe」的社長 Jason Rogers 氏將其販賣政策述之如左：

「Globe」的財產，是指着很規則的購讀「Globe」的市民及對於「Globe」有信用的人們而說的。凡「Globe」的廣告主，無論何時都可質問「發行部數檢查課」而得知本報的發行部數的調查報告。今日之新聞紙以散漫的方法，徒求販賣於廣汎的地盤，是應該廢止的，新聞紙只要多賣出去，這事實在沒有意思。所以濫賣還不如集中販賣於某階級裏。「Globe」在使讀者不只去讀 sensational 的記事，與只去看誇張標題的記事的人，而是努力來求信用新聞紙上的記事及廣告的人們。

Rogers的話，對於在日本的新聞販賣政策上，也是大可玩味的。

在營業部內廣告部的地位是極爲重要的；新聞紙收入的四分之三是從廣告來的，四分之一是由販賣新聞紙來的，這是最有利的成功的新聞紙之營業成績。所以美國新聞社的廣告部長中年俸三萬元美金的決不少，而營業部長兼廣告部長年俸十萬美金的也有，可想是多樣尊重其地位的了。新聞紙爲最進步的廣告機關不待言的，一張新聞不但於二十四時間中時國之內外所發生之紐斯報道，並且也來報道將要賣於市場之商品的機關。所以新聞社不得不把紙面賣與廣告主，於是新聞紙在一面是賣紐斯的，在他面是賣紙面的了。

新聞紙的發行部數，廣告主應該先加調查的；因爲要有効力在新聞紙上登廣告，先要知道其發行部數與其讀者階級是必要的。日本在現今還存祕密其發行部數之陋見，恐怕發表了眞實的發行部數，廣告就有減少的危險。可是在美國的新聞社，是常來發表其發行部數，廣告主若要求其發表的時候，也是很樂意的來發表。N.Y.耶亞公司的『美國新聞總覽』一書，是可知道美國新聞紙發行部數的最良的一本書，各新聞社都是負責任的依賴揭載於其書上。近年『美國廣告主協會』自設調查部，常來調査各新聞紙及雜誌的發行部數，以配布於會員。在最近從發行者，廣告經售業者，廣告主之三者中選出代表，而有『發行部數調查局』（"Audit Bureau of circulations"）之組織了。

所謂新聞紙之自然的發行部數，是指豫約該紙的讀者，或於每天必買該紙來讀的人而言。固然新聞社不能滿足自然的發行部數，但應不斷地來企圖其發行部數的發達。

新聞社的行政因用之中，經營豫算之編成，也是很必要的。新聞社的財政，動輒紊亂，所以辦各部份的收入支出弄清楚，且於各月份之經費上定一標準。因爲沒有預算制度的國家，每要作無爲的浪費，沒有預算制度的新聞社，也必增加其不必要的濫費了。預算表只在董事會上作成也可，可是在最進步的新聞社，都是由執行實務之有責任的機關來作成。新聞社之歲入預算，與國家相同，都是決定其歲出預算之標準的，故必量入而出。新聞社之預算，總預算，皆以特別會計之形式規定。而爲補足預算不敷起見，必須保有預備費。與預算制度並列。並應該從各部份之能率調查下作成『生產費表』。『New York Globe』的社長 Rogers 氏，他唱新聞社在景況最好的時代，爲防止過度地經費之膨脹，而有『經費致命線之說』"The Dead Line Theory of Expense"，就是爲防止新聞社各部份之濫費的方法。新聞社遭遇了一時的好況，立刻於編輯營業兩部中在不知不覺之間促成經費之增大，因而自招非常的損失。所以Rogers氏設定了各部份之膨脹的限界線，將各部門的製作及作業的原價調查好了，若有突破限界線的的就爲致命線而絕對中止其支出。這個說明是他多年經營新聞社所得的經驗之結果，就是對於日本的新聞社經營也可作爲一大方針。

初期的新聞社大概的都是個人創立經營，而其經營煞費苦心，因此遂發生了所謂「新聞紙業是招損失的事業」的思想，這是爲個人經營，以政論爲本位的新聞紙時代的現象，可是現代的新聞紙業，若有堅實的讀者階級與有力的廣告主的時候，已成了「必有利益的企業」了。資本家若投豐富的資力，新聞社若用優秀的人物，就沒有像這樣再確實的投資。於此遂出現大資本家之新聞社，或於大資本家之下的「Syndicate」（企業之聯合）與「Trust」（托辣斯）來經營了。新聞紙托辣斯的最偉大的成功者是 William Randolph Hearst 氏，他所支配經營的新聞紙，雜誌，通信社很多。

哈斯託氏支配全美各都市多數的新聞紙與雜誌。他所經營的寫眞，feature，以及紐斯的供給機關，不但是分送至哈斯特的各新聞紙，更賣給其他的新聞社。因爲一個紐斯要揭於全哈斯託的新聞紙上，一個寫眞要利用於全哈斯託的新聞紙上，所以高價的紐斯不只滅失於一個新聞紙上而已，且紐斯的原價在哈斯託紙上就不得不昇極低廉的了。在日本的新聞社來作紐斯報道不但必須多額的原價，且因該紐斯只是一個新聞紙來使用就完了，所以不說能這是很大的損失。

在哈斯託之次，而以托辣斯經營名者則有斯克利浦斯與哈瓦特的共同企業。

新聞紙業之資本化及托辣斯化，是汚辱新聞紙之本來的天職，由其偉大的力量只竭力以滿足民衆的低劣感覺爲能事，或爲國際間『戰爭製造者』(War maker)的時候，這像產業上要起反托辣斯運動，同樣也必有反新聞托辣斯的運動。今日在日本雖沒有新聞托辣斯之出現，可是大新聞社有營業企合同之利益，也漸有這種趨勢了。

新聞社的主要經費，是新聞原紙之購入，隨部數的增多，原紙的消費也就增加，經費自然膨脹。日本各新聞社所用的新聞原紙卷取紙是由王子，富士，四日市等之各製紙公司供給。報知新聞社一時曾輸入外國紙使用，現在是和大阪朝日，東京朝日同用富士製紙公司的。高速度用，一條卷取紙二十連卷紙可作夕刊（晚報四頁）二萬張，其重量約百八貫（一貫約中國六斤餘）之重。Marinoni機械用卷取紙是十三連卷，可作晚報一萬三千張，重量是六十五貫，一連是可作四頁新聞一千張之量。時事新報所使用的卷取紙，隨部數延長時，一天的用量可自東京至下關之遠，而於三十五天可繞一周的世界。總之，新聞原紙的消費量決不減退，而與新聞社的繁榮同來膨脹的。

新聞社兼營製紙公司，在各國還不多，因爲新聞社都與製紙公司結有互惠的特約，尚感不到有伸手於製紙事業的必要。可是這決不是不能兼營的，新聞社與製紙業是有最密接的關係，從企業性質看來，兩者都有有兼營的可能。新聞經營者要洞察新聞原紙供給之將來，而不忽於製業事業之研究，這是最要緊的事情。

三　機械的威力

現代新聞紙在其製作的時候，機械的方面，瞬時也不能休止。一面雖以迅速為生命，而一面因受截止時間的限制，故不得不依賴工場的能率與機械的威力。日本的新聞紙，因文字複雜的關係，進步頗感不容易。尤其是印刷方面，因文字的複雜多種，遂著使機械力的應用遲鈍。近年因有日文自動鑄字機(Monotype)的發明，多少可收機械能率了。然而還比歐美新聞社的工務部，已經有自働排字機的大便利，省下排字的工夫。手，在日本排字組版解版三作業工程完全以手工，新聞社為排字室占去很廣的面積，而最抱憾的是以很遲鈍的速度來製成一張新聞紙。

在日本的新聞社內，編輯部與工務部於事務上發生爭端的，大都是從排字的能率上的關係所生的，也就是在機械所及不到的地方，容易生缺陷。

自日文自動鑄字機發明後，活字之鑄造兼排字的，有一個人即可作各種工作了。在手工法的作業工程上用一點鐘的，現在僅有二十五六分即可完成，可是現在還不能完全依賴這個機械以排除手工法還須改良。

排字既完，就作大組，將活字裝好紙型即造鉛版，完結了這些事遂移至機械部，遂以最少的努力將最多的紙數以高速力的機械印刷成。

新聞印刷機中有(Dupnlex FatbedPress)(Duplex Tubular Plate Press)(Hoe)(Marinoni)(Doss)(Waterscott)等。其中(Hal)與Marinoni機最早即輸入日本，各新聞社皆有使用。美國新聞界一時也爲(Hal)之全盛期，可是現在如『Chicag0 Tribune』紙，及英，德，法諸國的許多新聞社，使用(Doss)機的大增加了。『New york world』紙等是使用(Waterscott)機。機械之選定越發比求高速度的，同時機械之堅牢與耐久力也置爲考慮，故製作輪轉機的諸公司也開始在這方面競爭起來了。

在日本最初使用高速度輪轉機的是大阪每日新聞社。該社於大正十四年（民十四）由(Hae)會在輸入最新型機使用，以圖印刷能力的增大。而時事新報社則於大正十四年（民十四）六月開始使用新自德國購到之高速度輪轉機。此機全長三十九尺餘，寬廣約十七尺八寸，高約十四尺三寸，總重量六十五噸；無論如何的高速運轉，半點不加動搖。其構成是以四個獨立着的信版卷取輪轉機立體連結成的，所以應着必要，可作各個部份之單獨運轉。而這都可於一處之sw tch Button（開閉器）自由輕妙地開始運轉。動力是使用二十五馬力的主電動力機四個，與二馬力的慢行動力機四個，所以速度之緩急，也可自由自在的。若在運轉中卷紙裂斷的時候，能自働的中止運轉。印刷能力的最高點是一時間三十二萬張；若報紙紙數六頁與八頁的時候，可印八萬份，十六，十八，二十，二十二，二十四，二十六，二十八，三十，三十二各頁的時候，於一時間可製作四萬份。卷取紙二十連卷一條之重量爲百八貫的可擱上十四條，可見其巨大裝置了。印刷用墨水是從貯藏桶中以唧筒自働的調節供給，而一切的 Cylinder（圓筒）都是由給油器連續的可自働的給油。這是在可能的範圍內節省人力而使從事員得便利；其構造之堅牢則更不待言的了。要之日本新聞紙界因紙數之增多也出現機械力的競爭了。

新聞社的工場雖是應用了幾多最新科學，然在日本仍易浪費多大之勞働力與其他之不經濟。因此，工場管理者是必來講求能率之增進與經費之節約爲要題。華盛頓大學之俾其教授說：『地方的小新聞社若用這個組織的時候，就沒有雇不經濟的從業員之必要，且可由職工的能率，得知正當的工銀之計算的基礎。』因參照威士康新大學的耶爾威爾教授的Cast system表而作成一表，茲摘載之如左：

一　原料費"C st of Materials"

(A)載貨詳細簿，(B)貨物運費，(C)貨車費，(D)脚夫費。

二　生產費"Cast Gf Production"

(1)直接勞費"Direct Iraour"

(A)排字室，(B)機械室，(C)製書室，(D)附屬於工場之各室諸費。

（2）一般經費"General Expense"：

（A）各部直接經費

（一）地租，（二）暖房裝置費，（三）電燈費，（四）動力費，（五）修理費，（六）備品之消耗，（七）各種稅，（八）保險料，（九）間接原料，或工場用品，（十）監督及間接勞費（十一）投資。

（B）其他

（一）工場經費）不屬於特定之部，而為關係於許多部之全經費，）

（二）關於販賣之經費，（即販賣員之薪金，販賣員之經手費販賣員所要之雜費，折扣販賣，廣告費，運費發送費，）（三）庶務經費，（一般薪金，社員薪金，郵稅，寄贈品費，電報電話，通信費，俱樂部費，雜誌購讀費，投資，備品之消耗，雜費。）

耶爾威爾教授的Cost system，不但可使新聞社的印刷部作出如上所列的費用記錄，就是一般的印刷業也可利用。這種Cost system可使營業部長，或工場的管理者各作成費用記錄，越加詳細分類，越發可知道一局部的費用，遂成全體製作費用的算出基礎，而於工場可作組織的管理。可是前揭耶爾威爾教授的Cost system表決不是完全的，不過揭出作爲參考而已。要之，新聞社的工務部，固必待機械的威力以增進其能率，而浪費之節約的必要則更不待言的事了。所謂增進能率者是不浪費時間，勞力，原料，而發揮實際的效果之謂。故新聞社的工場管理應最注意加深切的研究。

四　新聞社的勞働問題

新聞紙是從許多的勞働之結果才製作出來，決不是只由資本而成立的；新聞紙也可以發見了資本與勞働的衝突，而發生了勞働問題。

新聞社的勞働爭議，先從工場發生。新聞社的印刷從業員，作文字這一種職業，自然比其他職工階級較有知識，且從來的工場，都是不衞生的，其中尤其是新聞社的工場更、健康，這對於這些職工一切的勞働條件，都是不利益的。這種長時間的勞働以及工銀之低廉，不用說這是對於他們是最惡的狀態。美國於一千八百九十年「Los Angeles Times」紙的印刷職工同盟罷業，千八百九十九年「New York Sun」紙的職工斷行罷業，要求勞働時間的限制與工銀之增加。支加哥的新聞印刷職工也曾罷業，巴黎也曾起過印刷職工之罷業。巴黎的罷業原因，是於大戰中法國新聞社所用的原紙之輸入杜絕，新聞原紙暴騰，遂不得不提高定價，職工方面以爲新聞社要增收利益，要求：（一）新聞紙定價之落下，（二）工銀之增加。當時"L' I transigeant"紙的柏爾比引見罷業者的代表說：

法國是苦於得原紙：法國沒有一噸紙賣給德國，美國自身因爲原紙之缺乏不輸出斯堪狄納雅（Scandinavia）的紙價，益形騰貴，所以因爲紙的不足，才把定價提高了。

他誠懇地的陳述職工的要求也無形作罷了。巴黎的新聞紙經營者，其後對於職工都將新聞社的營業狀態，新聞紙的需要供給關係一一公布之，以除對於社方的誤解。

美國因鑑於時有印刷職工的罷業，遂於一千八百八十六年十一月在 etro t 市開催全美各地的新聞發行經營者所組織的『美國新聞發行者協會』(American newsPaker association)，一千八百八十七年二月於 Rochester 開同協會之大會，當時會將新聞社員之給與，印刷職工之勞働問題加一番議，要來自動的改善。一方新聞社之職工也加入組合，由勞働組合來要求對於被雇者合理的給與，勞働時間之限制，及勞働者的地位之保證。而與『美國新聞發行者協會』及各種勞働組合之首領，作種種協議之結果，共同鑑於『在社會上新聞紙的使命』故作成『強制仲裁協定』'Compu·lsory Arlitration Agreements"，在今天已經理想的來運用同協定。因此新聞社的職工，於其他印刷職工的罷業時，只來同情其罷業或只作短期間之預告自身不行罷業。在美國印刷職工的罷業從早雖有，可還沒有聽說新聞記者罷業的例，這或因新記者比較的都被優遇的原故，在今日新聞記者的物質的優遇，恐怕英美是第一位了。英國的新聞記者，嘗因倫敦的一新聞紙的經營者自 Whig 黨而變節爲援助 Tory 黨之政策，論說記者遂連袂辭職，此事爲其最所誇耀者就是他們不因收入而賣節。在美國可自由作「良記者」之爭奪，新聞經營者看見有良記者卽投萬金也願雇來。美國日刊紙的普通記者年薪最低二千五百元美金至八千，論說記者自一萬元美金至一萬五千，編輯長自七千五百美金至一萬二千，營業長部或廣告部長年俸有三萬美金，最高有十萬的。

試觀日本新聞社的勞働問題，也是極形複雜的，(一)關於工務部的事議，(二)關於販賣部之勞働社會問題，(三)新聞記者之增薪問題等。

要之，在新聞社行政中，勞働問題是大可注目的，而這種勞働問題不止於一社內，這是與各種勞働團體立於橫的關係下漸趨複雜化了，新聞經營者應於此點早加留意與考究。

第七章　新聞紙之製作

一　製作之方針

所謂新聞紙的製作，就是編輯之謂；這是指原稿，寫眞，插畫等的整理統合而言。在新聞担任校閱原稿，製出原稿的人，是有各部的部長，經過這些各部的責任者校閱後的原稿，就移交總編輯或整理部之手。當着製作新聞紙的最要緊的事，是每天的新聞紙，係以如何種的方針製成的。關於此點，大體可分英國式，與美國式二種：英國式是硬式編輯法；這是各項記事與讀物的配置，差不多都於各頁成爲決定的方式的了，讀者要讀某項記事的時候，無論何時都可在同一地位的發現。美國式爲軟式編輯法；這是將當日的重大記事，必揭載於第一頁。可是近來美國的報紙，凡關於經濟財政的消息，也漸有登載於一定之篇幅上的傾向了。說者謂英國的記事是割據主義，而美國則爲印象主義。總之兩者各有短長。就硬式編輯法而言，讀者所願看的記事，必於每日發見於同一頁面上；可是軟式編輯法，有時以爲這個事件必揭於第一頁上，而有時往往移載同樣的事件，於另一頁上。硬式編輯法於有多數固定的讀者的新聞紙，雖是一個很便宜的製作法，可是像晚報樣的是要賣給在每晚在街路上浮動的讀者來看的原故，則較爲不便，若能將當日的紐斯附一特別令人注目的標題，而揭於第一頁，則較爲兩有利了。

今日日本的多數新聞紙，第一面係廣告面，外國電報與國內政治上之新聞則載於第二面，社論與各項記事及其他之讀物配列於第三面上，關於經濟金融方面的新聞，揭載於第四面，而於社會生活上最重大的新聞，或其他之新聞等以最鮮活的配列於第七面上（按此係指紙數言若有兩張時則社會面爲第七面，然單就一張說時，則社會面爲第一張之第三面上。故日本之社會記事有三面記事之稱，而社會部記者，有三面記者之名。）這一面是與第二三面記之事完全有別一世界之觀。

這就是於同日之紙上，一面用硬式編輯法，他面採軟式之編輯法，而成日本獨自之製作法了。因此在記者方面遂成硬派記者與軟派記者之對立，（按硬派指政治等記者，而軟派指社會等記者）結果硬派記者失棄如軟派記者之新聞感覺，而軟派記者又不能如硬派記者所有之品位與寫法了。這實在成了養成偏狹記者之劣方法了。因是日本新聞紙的製作方針，硬軟二派已成為問題，而所謂綜合編輯竟成為研究的題目了。現時從事新聞編輯者中對於綜合編輯各有種種之解釋，可是在我的意見，是以採用英美兩式之特長為主，以作記事之統合，材料之精選，而成為攝引讀者有興味的來製作。若依這個方法來行，記事的重複就完全可除去了。所謂綜合編輯，不願解作只是將殺人或是情死事件以最感覺的(Sensational)來編輯，我的意思即令新聞紙製作時採用綜合的編輯方針，於朝報應發揮左列之特性：

（一）不可毀壞新聞紙的品位；

（二）多載含有實質的記事；

(三)記錄的記事也應豐富多載：

晚報則應以左列之四方針進行：

(一)以讀者之興味爲中心；

(二)記事之主重內容事以印象爲第一要義；

(三)抱路傍也能多賣一張之主義；

(四)以收容關於家庭生活與遊藝之廣告爲主。

然新聞紙製作是實際的問題而非理論的，這要以編輯者之特殊技術爲基礎，所以新聞社的編輯部長及幹部決定一定的方針，依照這個基準，編輯部員最巧緻地配置材料。編輯部員非網羅經驗豐富與人材出來的不可。這就因爲製作是從編輯部員的頭腦的動作而成的。

編輯部員當着編輯日報與晚報時，第一必須來加一番考慮的事情，就是應該判斷着這個新聞紙的讀者，以何者種新聞最能使讀者感覺與趣這件事。然後於蒐集來的許多紐斯之中擇其最有興趣的紐斯，登載於最易注目之頁上，且附一易於注目之標題以惹起讀者注意。第二是活字大小之使用：活字各個之配列，各頁之配列都應特別注意；假若因為是採用了綜合編輯法，概用大號活字，這徒使讀者生起不快之感，且各頁也將失去調和，而使讀者生嫌棄之心，甚至於要使讀者減少對於該紙之愛讀性。第三是編輯者務須善知該紙之讀者階級，『時事』之讀者與『大和』（Yamato）之讀者間，固有一種顯然的不同處，就是同一新聞紙中，朝報與晚報也多少要變化其讀者。晚報比朝報的叫賣更賣的多，蓋因晚報一張一張的可於十字路口或電車站傍購得，所以這非製作『賣的作新聞』不可。晚報之讀者不比朝報是因定的而是浮動的，此點應該特別喚起編輯者之注意。要之，若拿綜合編輯之精神可製作朝報也可製作晚報，而朝報與晚報的製作方法，完全如製作別種作新聞紙樣的來製作也未嘗不可。可是最近在日本朝報顯著有晚報化的傾向，這也是應進之路而可往前走的了。

二　原稿之整理

訪員所作的稿，通信員寄來的稿，及從訪員打來的電話而由速記記者直書的稿，或從通信社來的通信的原稿，都是經各部長之校閱而移交於編輯部員之手。各部的責任者，大體的將各原稿加一校閱，訂正誤字，記事排印之方法，寫上大標題，小標題等。而編輯部員從各部的責任者所提出的，就是精選的「種」（註新聞材料）有再事檢閱的義務，編輯部員對於所謂「種」的原稿應注意左列諸點：

（一）再看其內容，是用如何的材料，其材料是以如何的方法來說明的。

（二）內容若好就加採用，而對於文章應詳細校閱訂正，長短重寫使其適宜，而於許多時大約使其短於原文，英文稱此為 Boil Down。

（三）原稿雖經各部之責任者一度删改，而編輯部員關於文法之處，如文字使用方法，文氣連貫與否，仍應删潤，尤應以其報紙之特色語法删改之。

以上諸事完了，再審察各部之責任者所附之標題，側標題，與原稿之內容相稱比，看其適當與否，（有的報紙標題與側標題全由編輯部員主之，）而於紙面製作後，因其體裁而換寫標題，或變更話字之大小的事情也有。

標題"Captions"或"Headline"的寫法，在今日的新聞紙製作上與紐斯之內容同爲重要的要件了。最初標題之目的，不過爲標示其紐斯之爲如何種類，然在今日標題之自身也大可補報道的力量了。因此，只有大標題不能滿足，而用「小標題」'sub-head ny"了；這就是以大標題與小標題來表現記事之重要素。標題之價值，第一：忙人雖不能將記事一一讀過，而僅看標題，就能知道記事之概要。第二以巧妙的配列與最適切的文字表現標題的時候，可惹起讀者的好奇心，引起讀者的興趣，進而誘導使讀者讀此記事。標題因爲是新聞的結晶，所以文字應該明快直截，一見卽能吸引讀者方可。編輯部員於附標題時應有獨創的心得，務必有將陳腐者改爲清新的決心才好。又附標題的時候，同一標題之中，語句重複必使讀者生厭，所以務必以不同的語句表現之。而關於附標題這件事最應該注意的是活字的使用法；無論如何苦心標題，文字如何完美，要是活字的使用法不好的時候，則特費之苦心也因之而消滅了。所以編輯部員關於活字也應具備充分的知識，務使其種類能巧妙的現於紙面上。關於活字的種類之說明，在此從略。以上的手續完了後，編輯部員不可不預先來決定各稿之配置；如A頁收容什麼，B頁配置什麼，C頁排印什麼樣的，先來考慮各頁之製作，而齊備各頁之各各體裁，且於各頁全體之調和整齊，也熟加考察。於製作各頁各樣時必不可忘的事是：(一)不可誤書記事之輕重，(二)應與讀者以快感(三)重要記事必須使讀者易於注目，(四)關於廣告之圖案與配置先應與廣告部協議，務須不害於紙面之體裁。

「原稿之截止」是在今日無論原稿已否集齊，於一定之時間，實行截止。東京的大新聞紙是從一版到五版六版重複改版，務求「好新聞材料」之能揭出，以使各地之讀者得滿足。於各版的截止時間必須截止方可。截止時間是因各頁而有多少之遲速，可是這仍必、能率與機械及配送至車站所要之時間爲基礎而定。編輯部員應特別重視截止時間，方不致躭誤出版。

三 校對

到截止時間止，必有一定量的原稿，由編輯部員的手送往活版部。活版部當原稿已來，首先收拾活字；此系稱之爲排字，組集排字系所收拾之活字者，稱之爲「組版系」組版完畢，置於細長之盤上，此盤英文呼之爲'Galley'（活字盤）。將這個活字盤以手刷機械或用動力機械印刷出來以備校對用，俗呼之爲小樣，英文呼之爲 Proof 或呼之爲 Galley Proof。這小樣送交校對系，校對系與原稿對照，若是發見了誤字與誤植，就用紅墨水改正，其所改正的，呼之爲「校正稿，」收拾改正的人呼之爲『拾誤』然後將這些校正稿再送至活版部，而於排字系植正誤字或誤植。

編輯部員於是指揮大組職工，作『大組』工作，所謂大組者，是以材料的輕重而配列的一面的製作。『大組』終了後，作『大組』之校正刷，呼之爲『大樣』再送往校對系，或編輯之責任者處，編輯責任者重將誤字誤字等詳細作一檢查，若是沒有錯誤就算終了，若是有誤字誤植，則其於處改正之，附以容易注目之記號，仍送回校對系。校對系將『大刷』仔細檢閱，完畢後。就送交『大組』鑄造系而製成『紙型』(Matrix)。將紙型放置於版上，版降下叫作『降版』，就是所寫的原稿要現成印刷的姿式。以鉛流入『紙型』成爲『鉛版』"Steres-typing" 新聞紙全頁之鉛版製成後，置於印刷機上而印刷之。

校對系是在編輯部所有之部份中最占重要的一個地位。誤字誤植太多的時候，有害報紙的信用，無論編輯方法如何巧妙，若是缺乏校對，則以前的努力，終成了泡影。新聞社之各部份，都應各據所長，而特別在校對系，特別要熟練，細心，精通之三要素是萬不可缺的。校對應該在最短時間，發現誤字誤植，所以幹此事的人必得有相當的經驗熟練。校對的人員們對於漢字之誤書，假名（日本字母）之使用等，應細心改正。關於外國人物地名等更應精確。

四　大組

關於『大組』的事，在前節校對內已經略於述及，新聞紙之製作的最後進行（Process）就是『大組』，所以不得不重加說明。『大組』英文呼之爲"Fome"或"Making"這是編輯部員，最後所行的重要事。

編輯部員之責任者，應與其助手共同指揮『大組』職工，配列所組成之各材料。日本各報紙第一頁是廣告面（大阪每日新聞與大阪朝日新聞第一頁揭載重要記事與歐美各報紙相似。）將第二第三之各頁，載政治，外交，經濟，文藝，社會等各部之割據的編輯，以當日最重大的新聞配於第二頁之首，易使讀者注意。新聞紙製作的最後完了，就在『大組，』所以『大組』的製作時，應該先熟慮使讀者得如何的感動的事而後決定之。

看「大組」的時候，首先詳考各頁之體裁如何。於各段先將大標題小標題互相巧妙地配置上，其間或按配上寫眞與插畫等。普通組成的記事，呼之爲『批，』將記事四圍繞花紋的，呼之爲『圈』或稱『蓋箱。』紙面若是過於組成『批』的時候，就現出很平凡來了，所以有將特殊的紐斯『圈』於其中，很的有『讀物』中，印入『蓋箱』以惹起讀者之注意，誘人來讀。又於政治記事中重要電報爲易使注目起見，特有『插』法，無論如何大組的時候，是編輯部員要運用手腕的時節總得煞費苦心。

編輯部之責任者，作某頁之『大組』的時候，腦中必先想定某頁的全體作法方可。而後A頁與頁與B頁C與頁各頁的調和應有定見。各頁彼此均齊之調和原則既有了，再於各頁全體依全體的照對調和原則加一考慮。編輯部員所作成之『大組』，必須經編輯部長過目，新聞紙製作成以後，就不是社內的進程了，而變爲對讀者對社會的問題了。雖有種種錯誤或傍人怨言，已經追悔不及了，所以不可不愼，而編輯部長於『大組』未畢以前，作一應之校閱的事是其重要的任務之一。『大組』的如何重要，也可明瞭了。製作到了這里，才完了了一張新聞紙。
（完）

後記

這本書的內容與價值，讀者諸君於看完以後，一定能作一個正確的判斷了。可是無論如何，至少我們確信這本書在未知道新聞紙到底是一種什麼東西的一般讀者們能使他們對於新聞紙有了一個概念與認識。

新聞紙發達到今日的過程，書中已經詳述了；然而在這裏我們還要大聲的吶喊：「普及新聞教育與確立新聞記者地位。」前者是希望一般民衆都能得到精神的食糧，後者是期待有優秀記者的出現，使新聞事業日益完美發達。

新聞教育在今日是最需要的，不單從事新聞事業的人，應當研究，就是一般國民。也應當有相當的了解和認識。近來國內各大學都有新聞學科之設了，但我們還主張中等程度的學校中，也應有新聞學課程的增設，使新聞成為人人具有的常識。

在這本書的第一頁上就說過，新聞紙是現代人所必須的一種糧食，可是這種糧會在現在我們的中國還沒有普遍化，在這一點上我們應當努力！

前後費了三個多月的工夫才把這本書譯成，現在獻呈讀者諸君之前，我們是很快樂的。請讀者盡量的指敎，使我們再版的時候有改正的機會。

譯者　一九，五，五，東京。

图书在版编目（CIP）数据

新闻纸研究 /（日）后藤武男著；俞康德译. —北京：中国传媒大学出版社，2018.3

（中国近代新闻学名著系列丛书 / 芮必峰主编）

ISBN 978-7-5657-2255-4

Ⅰ.①新… Ⅱ.①后… ②俞… Ⅲ.①报纸—新闻工作—研究 Ⅳ.① G215

中国版本图书馆 CIP 数据核字（2018）第 043822 号

中国近代新闻学名著系列丛书

芮必峰 主编

新闻纸研究

XINWENZHI YANJIU

著　　者	〔日〕后藤武男
译　　者	俞康德
策划编辑	司马兰　姜颖昳
责任编辑	姜颖昳
封面设计	拓美设计
责任印制	阳金洲
出版发行	中国传媒大学出版社
社　　址	北京市朝阳区定福庄东街 1 号　　邮编：100024
电　　话	86-10-65450532 或 65450528　　传真：010-65779405
网　　址	http://www.cucp.com.cn
经　　销	全国新华书店
印　　刷	北京华联印刷有限公司
开　　本	787mm × 1092mm　1/16
印　　张	15.5
字　　数	130 千字
版　　次	2018 年 6 月第 1 版　2018 年 6 月第 1 次印刷
书　　号	ISBN 978-7-5657-2255-4/G · 2255　　**定　　价**　78.00 元